Times
Happy Life
时代·悦生活

只 为 您 提 供 最 有 价 值 的 阅 读

How to Cope with Psychological
Disorder of Shyness

别让不好意思
害了你

让你彻底消灭"**不好意思**"的超级心理课

高 朋◎著

全 国 百 佳 图 书 出 版 单 位
时代出版传媒股份有限公司
安徽人民出版社

图书在版编目（CIP）数据

别让不好意思害了你：升级版 / 高朋著 . -- 合肥：安徽人民出版社，2013.4
ISBN 978-7-212-06385-6

Ⅰ.①别… Ⅱ.①高… Ⅲ.①心理交往－通俗读物 Ⅳ.① C912.1-49

中国版本图书馆 CIP 数据核字 (2013) 第 058202 号

别 让 不 好 意 思 害 了 你 ：升 级 版

作　　者｜高　朋
出 版 人｜胡正义
选题策划｜余　玲　赵省伟
责任编辑｜徐敏峰　周海燕
责任印制｜刘　银
营销推广｜孙向雷
装帧设计｜尚世视觉

出　　版｜时代出版传媒股份有限公司　http://www.press-mart.com
　　　　　安徽人民出版社　http://www.ahpeople.com
　　　　　合肥市政务文化新区翡翠路 1118 号出版传媒广场 8 楼
　　　　　邮编：230071
发　　行｜北京时代华文书局有限公司
　　　　　北京市东城区安定门外大街 138 号皇城国际大厦 A 座 8 楼
　　　　　邮编：100011　电话：010 - 64267120　010 - 64267397
印　　刷｜三河市祥达印刷包装有限公司　电话：0316-3656589
　　　　　（如发现印装质量问题，影响阅读，请与印刷厂联系调换）

开　　本｜695×995　1/16
印　　张｜16
字　　数｜230 千字
版　　次｜2013 年 6 月第 1 版　　2018 年 7 月第 29 次印刷
书　　号｜ISBN 978-7-212-06385-6
定　　价｜29.80 元

目 录
CONTENTS

序一　学会拒绝，学会说"不" ...001

序二　求人办事，厚中带黑 ...003

第一章
CHAPTER ONE | **死要面子活受罪：都是"不好意思"惹的祸 ...001**

人之初，性本"面" ...003

人活一张脸，树活一张皮 ...006

错把面子当尊严 ...009

打肿脸也要充胖子 ...012

脸皮薄会害死猫 ...015

没有金刚钻，演砸瓷器活 ...019

第二章
CHAPTER TWO | **你可以说"不"：拒绝老板的"不好意思" ...023**

朝九晚五，不是朝五晚九：拒绝无偿加班 ...025

我不是"老白干"：拒绝分外事 ...029

当忠诚已成往事：拒绝当老板的替死鬼 ...033

我不是陪酒妹：拒绝成为交际花 ...037

这种事不能忍，更不能等：拒绝上司性骚扰 ...040

别和上司走得太近：拒绝职场零距离 ...044

第三章
CHAPTER THREE | 我不是哆啦A梦：拒绝同事的"不好意思" …047

没有金刚钻，不揽瓷器活：拒绝能力以外的帮忙 …049

吃了人家的嘴软，拿了人家的手短：拒绝别有用心的礼物 …052

我不是你的私人银行：拒绝借钱不还 …055

我不是长舌妇：拒绝流言蜚语 …059

瓜田李下闲话多：拒绝办公室暧昧 …062

从此不做月光族：拒绝频繁聚会 …066

不被人情套牢：拒绝保险推销 …071

第四章
CHAPTER FOUR | 不要跟陌生人说话：拒绝街头的"不好意思" …075

离"糕帅富"远点：拒绝强买强卖 …077

千万不要"竹筒倒豆子"：拒绝给陌生人留电话 …081

做个默默飘过的路人甲：拒绝假乞丐行乞 …084

第五章
CHAPTER FIVE | 左边不要脸，右边厚脸皮：没什么"不好意思" …087

脸皮厚，吃不够；脸皮薄，吃不着 …089

人在屋檐下，一定要低头 …092

在你没有成就以前，切勿过分强调自尊 …094

脸都不要了，还怕什么 …097

爷爷都是从孙子走过来的 …100

世界如此复杂，你要学会装傻 …103

我是流氓我怕谁 …106

求人办事遇冷遇，切勿拂袖而去 …110

忍无可忍，就重新再忍 …114

自己少爱点面子，给别人多点面子 …117

第六章
CHAPTER SIX | 把话说到心坎里：您老可"真够意思" …121

准备100顶高帽子 …123

会哭的孩子有奶吃 …126

逢迎有术，夸死人不偿命 …129

好话留在背后说 …133

软磨硬泡，厚脸求人要耐心 …136

见什么人说什么话，到什么山唱什么歌 …140

投其所好，多谈对方感兴趣的事 …144

千穿万穿，马屁不穿 …147

写八股文：如何与难接近的人套近乎 …150

良言一句三春暖，恶语伤人六月寒 …153

打人莫打脸，骂人莫揭短 …157

失意人面前不提得意之事 …160

会说的不如会听的 …163

第七章
CHAPTER SEVEN | 礼多人不怪：一点"小意思" …167

有礼走遍天下，无礼寸步难行 …169

礼出有名，送之有术 …172

八面玲珑是这样练成的 …175

剑走偏锋：走"边缘人"路线 …178

锦上添花不如雪中送炭 …181

个性送礼，让别人记住你的礼物 …184

酒桌上求人，不行也行 …188

第八章
CHAPTER EIGHT | **借人之力，成己之事：这么做才"有点意思"** ...191

好风凭借力，送我上青云 ...193

巧借大树来乘凉 ...196

借别人的"鸡"，下自己的"蛋" ...199

人脉是设计出来的 ...202

再穷也要站到富人堆里 ...206

放长线，钓大鱼 ...209

拜冷庙，烧冷灶，交落难英雄 ...212

第九章
CHAPTER NINE | **最高的境界是厚黑：做个"好意思"的人** ...215

脸厚心黑，先下手为强 ...217

屈尊降贵，自贬身份 ...220

追女秘笈：胆大心细脸皮厚 ...223

打一巴掌，切记揉三下 ...226

伸手不打笑脸人，用笑脸抵挡一切 ...229

宁可得罪君子，也不得罪小人 ...234

量小非君子，无毒不丈夫 ...238

欲成大事，妇人之仁要不得 ...241

凡事留三分余地，不是为别人，而是为自己 ...244

你的朋友邀请你和他一起去唱卡拉OK，但你对那种场所一向反感，而且你歌喉平平，应该如何拒绝他？

你在服装店看中一款西服，样式和做工都令人满意，只是价钱上不够理想，但看到售货员的热情服务，又不好意思拒绝，你该怎么办？

一个素行不良的熟人来缠住你，非要向你借钱不可，说是用作购买参考书。但你知道，钱一旦借给他便是肉包子打狗——有去无回。这时，你该如何拒绝他？

去朋友家做客，朋友问你："吃红苹果还是青苹果？"这时，一向很随和的你是说"都可以"还是"我最爱的水果是香蕉"？

不知生活中有多少人因为不好意思说出那个"不"字，而买了不称心的衬衫，娶了自己不喜欢的姑娘，答应了自己办不到的事情，耽误了自己不应该耽误的约会。

习惯于中庸之道的中国人，在拒绝别人时很容易产生一种"不好意思"的心理。这种心理阻碍了人们把拒绝的话说出口。由于这种矛盾的心情，态度上就不那么诚恳，说话吞吞吐吐，欲言又止，欲藏又露。在这种心理的制约下，很多人往往戴着假面具生活，不仅活得很累，而且丢失了自我，常常后悔不已；又因为难于摆脱这种"无力拒绝症"，而自责、自卑。

喜剧大师卓别林曾说：学会说"不"吧，那么你的生活将会美好得多！

拒绝是一门艺术。在面对对方的百般请求时，能够做到既不伤害对方的自尊，也不让对方为难，才可以称之为完美的拒绝之术。

启功先生是我国著名的书法家，向他求学、求教的人实在是太多了，以致先生住的地方整天充斥着脚步声和敲门声。启功先生不得不自嘲："我真成了动物园里供人参观的大熊猫了。"

有一次，先生患了重感冒起不了床，怕又有人敲门，就在一张白纸上写了四句话，贴在门上："熊猫病了，谢绝参观；如敲门窗，罚款一元。"先生虽然病了，但仍不失幽默。

著名漫画家华君武先生听说了这件事后，专门画了一幅漫画，题云："启功先生，书法大家。人称国宝，都来找他。请出索画，累得躺下。大门外面，免战高挂。上写四字，熊猫病了。"

大胆地说"不"吧！说"不"是每个人的权利。中国有句古话："君子有所为，有所不为。"这个"不为"，就是拒绝，意思就是当别人有所求而你无能为力的时候，就要行使你拒绝的权利；当你的合法权益受到侵害的时候，你也要行使你拒绝的权利。

学会说"不"，既可减少心理上的许多紧张和压力，又可表现出人格的独特性，也不至于让自己在人际交往中陷于被动，生活就会变得轻松、潇洒些。

序二
求人办事，厚中带黑

人生起伏，不可能处处得志，谁都有可能碰上山穷水尽的时候。俗话说："一个篱笆三个桩，一个好汉三个帮。"不管你是能者还是庸人，智者还是蠢夫，领导者还是打工仔，都需要别人的帮助才能在社会中立足。

中国古时候就有圣贤主张"万事不求人"，不过自古至今，"万事不求人"似乎只是一句虚言。

战国时期，楚国人许行率领着自己的几十个门徒来到滕国，他们穿着粗麻织成的衣服，靠编草鞋、织席谋生，不仅如此，许行还公开指责滕国的国君不明事理。因为在他看来，任何人都不能依赖别人，不能有求于别人，所以，一个贤明的君主应该一方面替老百姓服务，另一方面还要和老百姓一样自耕自食，如果自己不劳作而接受别人的供养，就不能算是一个贤明的君主。

一个叫陈相的人将许行的所作所为告诉了孟子。

孟子问："你能肯定许行吃的一定是自己亲自种的粮食吗？"

陈相回答："是的。"

孟子接着又问："那么，许行穿的衣服一定是他自己织的布做的吗？他头上的帽子也是自己做的吗？他煮饭的铁甑都是自己亲手浇铸的吗？他耕作用的铁器也都是自己亲手打制的吗？"

陈相回答说："不是的，这些东西都是他用米、草鞋、草席这些东西换来的。"

孟子说："既然是这样，那就是许行自己不明白事理了。"

孟子和陈相的对话，明白地指出不论衣食住行，我们都是有求于人的。我们要想在世界上存活下去，需要办数不清的事，需要请无数人帮忙。一个人如果不和他人建立联系，不求助于别人，就不可能实现自己的人生理想和价值。

求人实在是不得已而为，又不得不为的两难之事。要求人，脸皮薄、不好意思可不行。所谓"人在矮檐下，不得不低头"，求人办事放不下身段，只能是死要面子活受罪。

世上的人千奇百怪，你要想求人办事，什么人都可能遇上。有的人态度傲慢，架子奇大；有的人平易近人，和蔼可亲；有的人两面三刀，当面把胸脯拍得嘭嘭响，过后却无声无息；有的人爱故弄玄虚，明明一个电话就可以搞定，他却说这事十分难办……

既然有求于人，就难免在别人面前自觉低人一等。"上山擒虎易，开口告人难"，当你不得不开口的时候，一定要硬着头皮撑到底，这样才能柳暗花明又一村。

厚黑求人术讲究面厚心黑。厚黑大师李宗吾将厚黑学分为三种境界：第一种是"厚如城墙，黑如煤炭"，城墙虽厚，可用火炮轰破，煤炭虽黑，但颜色可憎，众人不愿接近它；第二种是"厚而硬，黑而亮"，同前一种相比虽有天壤之别，但毕竟有形有色，别人经过细心观察便可看出蛛丝马迹；第三种是"厚而无形，黑而无色"，进入"无声无嗅，无形无色"之境界。臻于此境，就可以攻无不克、战无不胜、锐不可当、所向披靡。

有些人在求人的时候总觉得不自在，感觉不好意思，心老是跳个不停，弄得双方都难为情，最后以尴尬收场。其实，这主要就是心理障碍太大，只要领悟了"厚黑之道"，就可以轻松求人，达成你想办的事。

CHAPTER ONE

死要面子活受罪

都是"不好意思"惹的祸

- 人之初,性本"面"
- 人活一张脸,树活一张皮
- 错把面子当尊严
- 打肿脸也要充胖子
- 脸皮薄会害死猫
- 没有金刚钻,演砸瓷器活

人之初，性本"面"

中国人对面子似乎有着过分的追求，"爱面子"也成了中国人典型的文化性格。鲁迅先生说："面子是中国人的精神纲领，只要抓住这个，就像拔住了辫子一样，全身都跟着走动了。"

"面子"到底是什么呢？不是别的，其实就是角色期待，特别是自我角色期待的满足。能够以某种方式满足自我的角色期待，就是有"面子"。

常言道：其他皆可丢，唯面子不可丢。从古至今，中国人对于面子的追求无所不包，从官员到百姓，衣、食、住、行，这"面子众生相"，在中国上演得淋漓尽致。

甲午战争前夕，慈禧太后为了筹备她60岁生日的万寿庆典，挪用巨额海军经费修建颐和园及"三海"工程。甲午中日战争爆发以后，户部奏请暂停颐和园工程，一些主战派官员请求，节省开支，移作军费。慈禧大怒，恶狠狠地说："今天使我不高兴的人，我也要使他一辈子不高兴。"

慈禧在解释用北洋水师军费修建颐和园、庆祝大寿时说了这样一番话："寻常人家的老太太，60大寿也要过得风光漂亮，这样就会被邻居看得起。如果连我的生日都办磕碜了，不但我的面子，朝廷的面子也没地方搁！又怎么体现我国河清海晏国泰民安？这样一来，不但洋人瞧不起，连老百姓也瞧不起！洋人瞧不起你他就敢欺负你，老百姓瞧不起你他就不服你，这样就会出事儿，祖宗的基业就会毁于一旦！"

瞧瞧，慈禧的面子竟是如此"重于泰山"！

时至今日，越来越多的人，以更加眼花缭乱的方式，满足更加离奇的"面子需求"：影视歌星因为自己是明星，就一定要比所有的人晚到会场；新人结婚时，一定要大摆筵席，豪华名车成排。难怪林语堂先生曾经这样评价中国人："有时好像争脸是人生的第一要义，甚至倾家荡产而为之，也不为过。"

一定得选最好的黄金地段，雇法国设计师！建就得建最高档次的公寓，电梯直接入户，户型最小也得四百平米。什么宽带呀，光缆呀，卫星呀，能给他接的全给他接上。

楼上边有花园儿，楼里边有游泳池，楼子里站一个英国管家，戴假发，特绅士的那种。业主一进门儿，甭管有事儿没事儿都得跟人家说：May I help you, Sir? 一口地道的英国伦敦腔儿，倍儿有面子！

社区里再建一所贵族学校，教材用哈佛的。一年光学费就得几万美金。

再建一所美国诊所，二十四小时候诊，就是一个字儿——贵！看感冒就得花个万儿八千的。

周围的邻居不是开宝马就是开奔驰，你要是开一日本车呀，你都不好意思跟人家打招呼！

你说这样的公寓，一平米你得卖多少钱？两千美金那是成本，四千美金起，你别嫌贵还不打折。你得研究业主的购物心理，愿意掏两千美金买房的业主，根本不在乎再多掏两千。

什么叫成功人士你知道吗？成功人士就是：买什么东西都买最贵的，不买最好的。所以，我们做房地产的口号就是：不求最好，但求最贵！

冯小刚贺岁片《大腕》中的这段经典台词，在令人捧腹之余，也折射出许多国人爱面子的心理。

为什么中国人那么爱面子？从浅一点说，"面子"是给人台阶下，但从深一点讲，"面子"是一种相当具有分量的无形工具。面子代表了一个人的脸面，是自尊、利益等的代名词，是中国人自觉遵守的一种人际交往规则。

在中国人的具体交往中，一个人有面子，或者得到面子，代表着这个人被社会和他人所认可、理解和尊重，这会让他的内心得到巨大的满足。通常情况下，我们会把地位高、年纪大、拥有一定资历及德行的人称之为"老"，比如张老、王老。可千万别小瞧这个"老"字，这不仅仅是尊重的表现，这里面还有个面子问题。有这种资格的人，在某些问题上讲句话或表个态，无疑是最有效果也是面子最大的。还是这个称谓，如果把字调换一下位置，意义就不同了。把"王老"换成"老王"，效果也就截然不同了。

易中天说："面子是咱中国人的宝贝，几乎主宰着我们的日常生活。人际关系，要靠面子来维持与处理；社会生活，要靠面子来决定与操作。"饭可以不吃，但面子不能不要，从小到大，父母就教育孩子要争气，好好学习，将来一定要比别人家的孩子强，好让自己脸上有面子。

《围城》中的主人公方鸿渐大学毕业后，在亡故未婚妻的父亲资助下到西洋留学。"四年中倒换了三个大学，伦敦、巴黎、柏林；兴趣颇广，心得全无，生活尤其懒散。"

既是到西洋留学，就应该获得博士学位才是。但是方鸿渐把学位看得很轻，认为学位是毫不实际的东西，到了欧洲也是在混日子。到了第四个年头，准备回国了，在父亲和"准岳父"的两面夹攻下，他才意识到学位的重要性：学位"仿佛亚当、夏娃下身那片树叶的功用，可以遮羞包丑；小小一张纸能把一个人的空疏、寡陋、愚笨都掩盖起来"。

万般无奈之下，他花30美金买了一纸"克莱登法商专门学校"的博士学位证书，"好比前清时代花钱捐个官，或英国殖民地商人向帝国府库报销几万镑换个爵士头衔，光耀门楣，也是孝子贤婿应有的承欢养志"，既滑稽又荒诞。

中国人爱面子、好面子，由古至今从不肯割舍"面子情结"，这也是千年文化沉积下的奇葩一朵。难道面子真的那么重要吗？其实你认为它重要它就重要，认为它不重要它就不重要了，关键看你能否参透它，如果参透了，你就能在人际交往中无往不胜了。

人活一张脸，树活一张皮

"头可断，发型不能乱；血可流，皮鞋不能没有油。"这句话讲的就是一个面子问题。所谓"人为一口气，佛为一炷香"，在很大程度上成为这些死要面子的人安身立命的心理动因。

爱面子本是人的一种天性，因为人生下来就有一定的虚荣心。《现代汉语词典》对于"虚荣"一词的解释是：表面上的光彩。虚荣心，即指一个人借用外在的、表面的或他人的荣光来弥补自己内在的、实质的不足，以赢得别人和社会的注意和尊重。既然是"虚荣"，那就不是实实在在的，而是表象化的、昙花一现的荣耀。

虚荣心最大的危害，就是使人在追求目标时采取不切实际的、错误的手段，以致行为和目标走向偏离，铸成大错。柏格森说："虚荣心很难说是一种恶行，然而一切恶行都围绕虚荣心而生，都不过是满足虚荣心的手段。"真是一语中的。

有资料显示一般这样的人很容易产生虚荣心：

1. 自尊心过强的人；

2. 私心过重的人；

3. 缺乏自信的人；

4. 处于特定文化环境中的人。

从某种意义上讲，中国社会人际交往中注重"脸"和"面子"的文化传统，在一定程度上刺激和强化了中国人的虚荣心理。

为了争这一份"可贵"的虚荣，有些人不顾自身条件，自我膨胀，愣是把面子吹大了；把有限的资源消耗在维护大面子上，而无暇顾及实质；虚胖的面子难以维持，就只好弄虚作假……于是，就出现"不蒸馒头争口气""宁可伤身体，不肯伤感情""死要面子活受罪"等语句，落了个悲剧的下场。

从前有个书生，家里一贫如洗，却极其爱面子。

一天晚上，一个小偷摸到他家中，仔细搜寻了一番，却没有发现一件值钱的东西，便跺脚叹道："真是晦气，我算碰到了真正的穷鬼！"

书生听了大惊，赶紧从枕头下面摸出仅有的几文钱，双手捧给小偷说："您来得真不巧，我家只有这点钱了。但在别人面前，您可千万不能张扬，给我留点面子啊！"

《孟子》中也有一个爱面子的故事，说的是一个齐国人，娶了两个老婆。他在妻子面前总是炫耀自己在外面是多么风光，经常跟大人物来往，且常常喝得醉醺醺地回家。

妻子问他："你跟什么人喝酒？"

他得意扬扬地回答："都是些有钱有势的大官。"

妻子告诉小妾说："丈夫出去，总是吃饱喝足才回来，我问他都和谁一起吃饭，他说全是有钱有势的人，但家里不曾有富贵的人来，我想要偷偷地跟着他看看他到底去什么地方。"

第二天早晨起来，等丈夫出门后，妻子悄悄地跟在他后面，几乎走遍了全镇，也没发现一个达官显贵同自己的丈夫说话。

后来，妻子跟随丈夫来到了东郊的墓地，发现他向祭扫坟墓的人讨要祭祀剩下的食物，不够，又跟其他的人家去讨要，这就是他填饱肚子的办法。

妻子看了很生气，回来告诉小妾，气愤地说："丈夫是我们仰望且依赖终生的人，现在他竟然这样欺骗我们，还能指望他什么呢？"两人抱头痛哭。

不要以为要面子的齐国人只出现在寓言故事中，其实在现实生活中，这样的人也比比皆是。有些人即使债台高筑，也要挥金如土。与他人比吃穿、比轿车、比住房、比待遇、比职位；操办红白喜事时，讲排场、摆阔气；在生活中，大手大脚，借贷消费……其目的只有一个：就是希望他人将目光聚焦在自己身上。这种虚荣心腐蚀了人的正常心理，破坏了人的健康情绪，成为了人们性格中的一个毒瘤。

人们常说："贫穷就像咳嗽，越想隐瞒，就越欲盖弥彰。"因为穷而觉得自己没面子，生怕别人说自己寒酸，这是可以理解的。坏就坏在有些人过于看重面子，劳心费力地把寒酸相掩盖起来，结果反倒闹出许多笑话，更加丢人现眼。

鲁迅先生笔下的孔乙己便是这样的人，身穿长衫，满口之乎者也，自认为很有面子，但在人们的眼里却一无是处——

孔乙己是站着喝酒而穿长衫的唯一的人。他身材很高大；青白脸色，皱纹间时常夹些伤痕；一部乱蓬蓬的花白的胡子。穿的虽然是长衫，可是又脏又破，似乎十多年没有补，也没有洗。他对人说话，总是满口之乎者也，叫人半懂不懂的……

为什么要坚持穿长衫？现在的人很不理解，可旧时的人都明白，因为穿不穿这件长衫，攸关面子问题。旧时的工薪阶层，劳动人民，都穿短衣，固然为了缝制时省布，更是为了干活时方便。而读书人，进学应考，中举入仕，基本都着长衫，显得潇洒倜傥，"座中泣下谁最多，江州司马青衫湿"的"青衫"就是指读书人的一袭长衫。

在孔乙己看来，长衫是一种光荣，是作为读书人的光荣；长衫是一种骄傲，是拥有知识的骄傲。长衫已成了一种精神支柱，支撑着孔乙己在世态炎凉中挣扎着活下去。他一无家财，二无职业，可偏偏又好喝几口酒。于是，抄书之余，免不了在主人家顺手牵羊，做些鼠盗狗窃的事，犯事之后，通常免不了挨打，这也是中国人对于小偷小摸的常规惩罚——饱揍一顿以泄恨。

直到后来，孔乙己被人打断了腿，终于连那剩下的架子也垮了。

错把面子当尊严

在2012年央视春晚上，郭冬临的小品《面试》给人留下了很深刻的印象，特别是他被误解后喊出的那句话："我虽然很穷，但我有做人最起码的底线和尊严！"

的确，人都是有尊严的，无论男人还是女人，无论老人还是孩子，无论地位高低。尊严是一种精神需要，是人格的内核。海卡尔说："人的尊严可以用一句话来概括：即他的信念……它比金钱、地位、权势，甚至比生命都更有价值。"为了尊严，很多人往往会做出令人意想不到的事，为的就是能够在别人面前抬得起头，争一口气。

有一位默默无闻的青年画家，租了一间狭小的房子，靠给人画像维持生计。有一天，一个富人路过这里，看见他画技高超，便请他帮忙画一幅像，双方约好酬金是一万元。

一个月后，画像完成了，富人如约前来拿画。来的路上，富人起了歹念，他心想："画中的人是我，如果我不买这幅画，那么，绝对没有人会买。我又何必花那么多的钱呢？"

打定主意之后，他告诉青年画家，自己只愿花一千元买这幅画。青年画家愣住了，他第一次碰到这样的事，不知道如何是好。他费了很多口舌，希望富人能够遵守合约，做个有信用的人。

"这幅画我最多出价一千元，你不要再多说了。"富人认为他赢定了，

"我最后问你一句，一千元，卖不卖？"青年画家眼看富人故意赖账，心中悲愤难平，他语气坚定地说："不卖！这幅画我宁可不卖，也不愿意受这种侮辱。今天你毁约，总有一天，你会付出20倍的代价。""笑话，20倍，是20万呀！我才不会笨得花20万买这幅画。""那咱们走着瞧！"青年画家对悻悻离去的富人说。

这件事给青年画家的打击不小，他决定搬离这个地方，重新拜师学艺。若干年后，他终于闯出了一片自己的天地，成了一位知名的画家。而那个失信的富人呢？他早将这件事淡忘了。

有一天，富人的一个朋友找到他说："真是太奇怪了！前两天我去参观一位知名艺术家的画展，其中有一幅标价20万的画，画中的人居然跟你长得一模一样。更有趣的是，这幅画的标题竟然是《贼》。"

好像被人当头打了一棒，几十年前的事情在他眼前一下子浮现出来。他立刻连夜赶去找画家，向他道歉，并且花了20万买回了那幅画像。

正是凭借着一股永不服输的勇气，青年画家获得了自己曾经失去的尊严。

知道这位画家是谁吗？他就是蜚声世界的毕加索。

维护尊严是人的本能和天性，每个人都渴望得到别人的尊重，如果一个人连尊严都可以放弃，那么即使他得到了全世界，也不会被人们所尊敬。

毛姆曾说过："我愿为维护我的尊严而放弃我所拥有的一切，包括我的生命。"尊严犹如一面旗帜，它可以超越地位尊卑、家庭贫富、能力大小等世俗尘念；尊严是一股力量，它足以化腐朽为神奇，变耻辱为光荣。

可是现实生活中，有很多人却把面子等同于尊严。其实，这是两个容易混淆却不能等同的概念。面子是浅层次的心理需求，尊严反映的则是深层次的人格定位；面子是外表的，尊严是内在的；面子是让别人看的，尊严是给自己留的；面子是随时能放下的道具，尊严是永不毁灭的精神；面子是皮，尊严却是骨头。

在当下的语境中，"尊严"变成了一个很大的词，而且歧义颇多。有些人对于"尊严"的理解就是：办事儿不用求人，到哪儿都是VIP，一张嘴就有话筒往前递。其实，这是特权，绝非尊严。对特权的追求，恰恰是没有尊严的人才拼命去做的事。

从表面上看，"脸"和"面"这两个汉字的意义是相通的，比如"洗面"和"洗脸"。但在"脸面"这个词中，"面"和"脸"却存在着较大的差异。"脸"是指道德法则下的判断，如骂某人"不要脸"，而"面"则更多包含着权力的意味。这就揭示了爱面子的一个心理动因，即炫耀权力的欲望。

事实上，人与人之间的感情都是从"帮个小忙"开始的。能够在某种程度上帮助别人，并得到别人的感激与称赞，我们会十分快乐。因为，我们在帮助他人时，满足了自己的自尊心。我们往往不想见那些给予自己太多恩惠的人，因为在接受恩惠时，无形中我们的自尊心在受到伤害。

郭冬临表演的小品《有事你说话》中的主人公，就是一个错把面子当尊严的活宝。他分明买不到难买的卧铺票，但为了逞能、有面子，甘愿冒着严寒通宵排队帮别人买票，甚至不惜高价买黄牛票，只为换得别人夸自己"面子大"，妻子要揭他的老底，他大有要与妻子翻脸的样子。

错把面子当尊严，强要面子，死要面子，只会让别人更加看不起你。很多国人觉得有了面子就有了尊严，所以不免自欺欺人或钩心斗角一番，甚至铤而走险、以身试法，演绎出一场又一场的闹剧和悲剧。

西方人却不这么认为，他们对于尊严的理解，是平等。有了平等才有尊严。别人能搞定的事，我搞不定，不是我没有面子，而是社会不平等，所以要争的是平等而不是面子。松下幸之助说："我想一个人的尊严，并不在于他能赚多少钱，或获得了什么社会地位，而在于能不能发挥他的专长，过有意义的生活。一百个人不能都做同样的事，各有不同的生活方式。生活虽不同，可是发挥自己的天分与专长，并使自己陶醉在这种喜悦之中，与社会大众共享，在奉献中，领悟出自己的人生价值，这是现代人普遍期望的。"

打肿脸也要充胖子

现今，很多餐馆的桌子上都会放一个纸巾盒。吃完饭顺手拉一张纸巾，将嘴一抹，似乎成了必不可少的一个环节。若是缺了这个环节，便会感觉别扭，不舒服，跟早晨没刷牙一样。

在古代，食物缺乏，往往是粗茶淡饭，油水很少，所以哪家偶尔吃了一顿荤腥，人们舍不得将嘴上的油花抹去，而是留在嘴上，至少也要抹在袖子上，出门可以充门面，嘴上冒油，袖口、衣襟油光锃亮，这才算有面子。

辛亥革命之后，许多八旗子弟失掉了昔日的特权，虽然受过教育，却无法谋生，许多人沦为赤贫，可是他们仍然要保住贵族的尊严。相传，那时的很多八旗人明明都已无米下锅了，却还死要面子，他们家的门背后往往挂着一块肉皮，出门前抹抹嘴，然后提着鸟笼哼着小曲出门了。人家若是问起："吃了吗？"八旗大爷一挺胸，大声回答："这几天吃肉都吃腻了，看，嘴上直冒油，出来溜达溜达，化化肚子里的积食。"

清末著名小说家吴趼人在《二十年目睹之怪现状》里，描写了一个破落旗人穷困潦倒，却还要装样子，在众目睽睽之下沦为笑柄的故事：

有一天，高升到了茶馆里，看见一个旗人进来泡茶，却是自己带的茶叶，打开了纸包，把茶叶尽情放在碗里。那堂上的人道："茶叶怕少了罢？"那旗人哼了一声道："你哪里懂得！我这个是大西洋红毛法兰西来的上好龙井茶，只要这么三四片就够了。"高升听了，以为奇怪，走过去看看，他那茶碗里间，飘着三四片茶叶，就是平常吃的香片茶。那一碗泡茶的水，莫说没有红色，连黄也不曾黄一黄，竟是一碗白冷冷的开水。

高升心中，已是暗暗好笑。后来又看见他在腰里掏出两个京钱来，买了一个烧饼，在那里撕着吃，细细咀嚼，像很有味的光景。吃了一个多时辰，方才吃完。忽然又伸出一个指头儿，蘸些唾沫，在桌上写字，蘸一口，写一笔。高升心中很以为奇，暗想这个人何以用功到如此，在茶馆里还背临古帖呢！细细留心去看他写甚么字。原来，他哪里是写字，只因他吃烧饼时，虽然吃的十分小心，那饼上的芝麻，总不免有些掉在桌上，他要拿舌头舐了，拿手扫来吃了，恐怕叫人家看见不好看，失了架子，所以在那里假装着写字蘸来吃。

看他写了半天字，桌上的芝麻一颗也没有了。他又忽然在那里出神，像想甚么似的。想了一会，忽然又像醒悟过来似的，把桌子狠狠的一拍，又蘸了唾沫去写字。你道为甚么呢？原来他吃烧饼的时候，有两颗芝麻掉在桌子缝里，任凭他怎样蘸唾沫写字，总写他不到嘴里，所以他故意做成忘记的样子，又故意做成忽然醒悟的样子，把桌子拍一拍，那芝麻自然震了出来，他再做成写字的样子，自然就到了嘴了。

不管是古代还是现代，我们都会看到一些"死要面子活受罪"之人，他们极其要强，宁愿身受苦，也不让脸面受损。面子关系着他们的身家性命，所以争面子也叫争脸，争不到至少要保住，保不住就是丢脸。丢脸的事尽量要压下去，这叫"家丑不可外扬"。

"面子"是中国人心理上的沉重包袱，看似薄薄的情面，有时却有难言的苦衷。赛先生的经历就很有代表性：

一日，赛先生和侄儿去购物，见着需要的东西，大家都想买。侄儿刚参加工作，连吃饭尚紧张，自然没钱可掏了，赛先生亦不想再做冤大头，就没有如往昔般积极付账。售货员机警："一看您就是有钱、有地位的人，那点小钱您还在意……"一句话噎得赛先生半天喘不过气来，尽管要花赛先生500多元钱，但为显示自己有义气，也只好把手缓缓地伸向钱包。

有时朋友相聚，赛先生一向不胜酒力，但朋友一句"这点面子也不给吗"，他便一饮而尽。几轮下来，稍有推辞就被说成是没有酒品，这多失面子呀，于是乎，他牙一咬，心一横，又是一个底朝天，大有"风萧萧兮易水寒，壮士一去兮不复返"之势，回家后却头重脚轻，痛苦不堪。

朋友有事相求，赛先生明知在自己能力之外，但朋友一句"咱俩什么交情，这点面子你能不给"，便头昏脑涨，满口答应。然后只能求爷爷、告奶奶，事一办成，人也轻松大半。

中国人重视面子，有时到了不可理喻的程度。爱面子无可厚非，但是争面子要通过正当的手法，否则只会遭人唾弃。鲁迅说："每一种身份，就是一种'面子'，也就是所谓'脸'。这'脸'有一条界线，如果落到这线的下面去了，即失了面子，也叫做'丢脸'。"

据说翻盖式手机在中国流行的原因就与中国人爱面子有关系。欧美人直率坦诚，因此爱用"直来直去"的直板手机；而亚洲人喜欢"绕弯子"，喜欢做"背后功夫"，因此更喜欢折叠的翻盖手机。《青年参考》的一段言论也说：翻盖式手机在开合时会发出一声脆响，容易引起旁人的关注，所以更有面子。

面子不仅影响到人们的消费方式，还影响到了人们的理财，更重要的是，面子还影响到人们的职业生涯，甚至决定了一个人的命运。

爱面子的人很奇妙，可以吃闷亏，可以吃暗亏，但就是不能吃"没有面子"的亏。可是这种"死要面子"给人们带来了什么？一个字——累！成功之路原本坎坷，何必再给自己套上面子的枷锁负重而行？放下面子方是做人、做事的智慧选择。

脸皮薄会害死猫

古语中有句话：士可杀不可辱。在古代战争中，每位将士被俘虏后遭到敌人的戏弄时最喜欢说的正是"士可杀不可辱"。如果你羞辱我，那么我活着没面子，还不如死去。俘虏们为了面子而选择死亡，这种行为本是高贵的。

项羽在鸿门宴上碍于各方的"面子"，陶醉在"尊严"之中，最后在瓮中捉鳖的条件下放掉了自己最危险的敌人；战败之后，他本可以乘坐渔船逃回江东的，但超强的"面子情结"，使他没有勇气去面对和重组往日的部下，脆弱的心理素质使其失去了东山再起的信心，留下"纵江东父兄怜而王我，我何面目见之"的千古之恨！

《水浒传》中写到武松上景阳冈打虎前有一段细节描写：

武松读了印信榜文，方知有虎。欲待发步再回酒店里来，寻思道："我回去时，须吃他耻笑，不是好汉，难以转去。"想了一回，说道："怕甚么鸟！且只顾上去，看怎地！"

武松"明知山有虎，偏向虎山行"，不是因为他不怕死，只因他上山前跟店老板夸下海口，碍于面子，他只好一条道走到黑了。但武松是幸运的，他侥幸把虎打死，从而一举成名，既保住了面子，又获得了名声。

爱面子，往好的方面发展，乃是重视荣誉的表现；若往坏的方面发展，则是爱慕虚荣；若是爱面子爱到了不要命的地步，那就是本末倒置。

林语堂先生在《吾国吾民》一书中认为，"讲面子"是中国社会普遍存在的一种民族心理，面子观念的驱动，反映了中国人自尊与尊重他人的情感需要，但过分地爱面子就会形成一种异化心理，如果任其演化下去，终将得不偿失。

春秋战国时，齐国有三个勇士，一个叫田开疆，一个叫公孙接，一个叫古冶子，号称"齐国三杰"。这三个人皆勇武异常，深受齐景公的宠爱，但他们却恃功自傲。当时田氏的势力越来越大，直接威胁着齐国国君的统治，而田开疆正属于田氏宗族。相国晏婴担心"三杰"为田氏效力而危害国家，屡谏景公除掉"三杰"，然而景公爱惜勇士，一直没有表态。

适逢鲁昭公访问齐国，齐景公设宴款待。鲁国由叔孙蜡执礼仪，齐国由晏婴执礼仪，君臣四人坐在堂上，"三杰"佩剑立于堂下，态度十分傲慢。晏婴心生一计，决定乘机除掉这三个心腹之患。

当两位君主酒至半酣时，晏婴说："园中桃子已经熟了，摘几个请二位国君尝尝鲜吧？"齐景公大悦，传令派人去摘。晏婴忙说："金桃很难得，还是臣亲自去吧。"

片刻之后，晏婴端着6个硕大新鲜、香气扑鼻的桃子回来了。齐景公问："就摘了这几个吗？"晏婴说："还有几个没太熟，只摘了这6个。"说完恭恭敬敬地献给鲁昭公和齐景公一人一个桃子。鲁昭公边吃边夸奖桃味甘美。景公说："这桃子实在难得，叔孙大夫天下闻名，当吃一个。"叔孙蜡谦让道："我哪里赶得上晏相国呢？相国内修国政，外服诸侯，功劳最大。这个桃子应该他吃。"齐景公见二人争执不下，便说道："既然二位谦让，那就每人饮酒一杯，食桃一个吧！"两位大臣谢过齐景公，把桃吃了。

这时，盘中还剩下两个桃子。晏婴说："请君王传令群臣，谁的功劳大，谁就吃桃，如何？"齐景公同意，于是传令下去。话音刚落，公孙接率先走了过来，拍着胸膛说："有一次我随国君打猎，突然从林中蹿出一只猛虎，是我冲上去，用尽平生之力将虎打死，救了国君。如此大功，还不应该吃个金桃吗？"晏婴说："冒死救主，功比泰山，可赐酒一杯，桃一个。"公孙接饮酒食桃，站在一旁，十分得意。

古冶子见状，厉声喝道："打死一只老虎有什么稀奇！当年我送国君过黄河时，一只大鼋兴风作浪，咬住了国君的马腿，一下子把马拖到急流中去了。是我跳进汹涌的河中，舍命杀死了大鼋，保住了国君的性命。像这样的功劳，该不该吃个桃子？"景公说："当时黄河波涛汹涌，要不是将军斩鼋除怪，我的命早就没了。这是盖世奇功，理应吃桃。"晏婴忙把剩下的一个桃子送给了古冶子。

一旁的田开疆眼看桃子分完了，急得大喊大叫："当年我奉命讨伐徐国，出生入死，斩其名将，俘虏徐兵5000余人，吓得徐国国君俯首称臣，就连邻近的郯国和莒国也望风归附。如此大功，难道就不能吃个桃子吗？"晏婴忙说："田将军的功劳当然高出公孙接和古冶子二位，然而桃子已经没有了，只好等树上的桃子熟了，再请您尝了。先喝酒吧。"田开疆手按剑把，气呼呼地说："打虎、杀鼋有什么了不起。我南征北战，出生入死，反而吃不到桃子，在两位国君面前受到这样的羞辱，我还有什么面目站在朝廷之上呢？"说罢，竟挥剑自刎了。公孙接大惊，也拔出剑来，说道："我因小功而吃桃，田将军功大倒吃不到。我还有什么脸面活在世上？"说罢也自杀了。古冶子沉不住气了，大喊道："我们三人结为兄弟，誓同生死，亲如骨肉，如今他两人已死，我如何苟活，于心何安？"说完，也拔剑自刎了。

鲁昭公目睹此景，目瞪口呆，半天才站起身来，说道："我听说这三位将军都有万夫不当之勇，可惜为了一个桃子都死了。"齐景公长叹了一声，沉默不语。这时，晏婴不慌不忙地说："他们都是有勇无谋的匹夫。智勇双全、是当将相之任的，我国就有数十人，这等武夫莽汉，那就更多了。少几个这样的人也没什么了不起，各位不必介意，请继续饮酒吧！"

这就是"二桃杀三士"的故事，后来，景公按武士的葬礼安葬了他们，葬于都城南，墓称"三士冢"。

王安石的《寄吴冲卿》诗中有一句"虚名终自误"，发人深省。人追求荣誉，无可厚非，但应该分清是什么样的荣誉，是名实相符的，还是盛名之下其实难副，后者不仅徒累自身，还可能招致灾祸。

在老百姓最日常的语言里，有很多对"死要面子活受罪"的尖锐批评："屎壳郎趴铁轨——愣装硬骨头""兔子拉磨——硬充大耳朵驴""驴粪蛋子表面光""绣花枕头——中看不中用""金玉在外，败絮其中"……总之，死要面子的人看似很光鲜，其实那光鲜下边却是一层浅薄，让他们活活受罪。因为他们的性格和心灵中，没有那种需要长期积累沉淀下来的真正高贵的修养和品位。

没有金刚钻，演砸瓷器活

在日常生活中，我们常能听到一句话：没有金刚钻，别揽瓷器活。这句话的意思是干什么事都得有点自知之明，如果不自量力硬要去干，把事情搞砸了不说，还把自己给搭了进去，划不来。

张艺谋的电影《我的父亲母亲》中有这样一组镜头——年轻的招娣捧着一只装着饺子的青花瓷碗，狂奔十几里追赶带走骆老师的车子。人跌倒，碗破了，饺子散了，绝望的她在风中哭喊……

后来，招娣的母亲请了位锔碗匠，将那只破碗补好了。锔碗匠用的那个小钻头，就是人们常说的"金刚钻"。别看它小，那可是这个行当赖以生存的主要工具，是世上已知的最硬的物质，没有它，不要说钻孔，就是在瓷器上划一道痕，你也休想。

笛安在美国普林斯顿大学读书，每个月有600美元作为生活费。按照常理来说，这应该是绰绰有余了，可是对于笛安来说却远远不够，因为每次同学邀请她参加生日派对，她总是不好意思说"不"。

一天，笛安的姑妈来学校看望她，并邀请她去学校外面吃饭。实际上，可怜的笛安身上只剩下50美元，可是离月底还有好几天呢，但是她怎样也无法拒绝姑妈的好意。

笛安知道一家很合适的小快餐店，在那儿每人花上10美元就可以吃顿很丰盛的午饭，如果真能够这样的话，用剩下的钱她就可以勉强维持到月底了。

笛安领着姑妈朝那家快餐店的方向走去，突然姑妈指着马路对面一家高档的咖啡厅，很兴奋地告诉笛安说："那家咖啡厅相当不错的，在那里享受午餐肯定是一个不错的选择。"

"好的，如果您比较喜欢这家咖啡厅的话，我也将会非常乐意。"笛安微笑着说。是的，她总不能对姑妈说"我的钱剩得不多了，咱们还是去那家档次比较低的快餐店吧"。

漂亮的女侍者拿过来了一份制作精美的菜单，姑妈认认真真地看了一遍说："你认为这份菜怎么样，好像是这家店的特色菜哦！"

笛安看了一眼，原来那是一道小牛肉配鹅肝，而且是菜单上最贵的：20美元。笛安点了点头，随即给自己点了一道这里最便宜的菜，只需要花上10美元就可以了。然后她在心里默默地念道："还剩下20美元，不，19美元，因为还要给那个女侍者1美元的小费呢！但是，没有关系，只要稍微借那么一点就可以坚持到月底了。"

"两位女士，还需要点什么吗？"侍者又一次走了过来，"给您推荐一道烟熏三文鱼，这是我们店里的招牌菜，而且价钱也不贵，20美元就可以了。"

"可以吗？"姑妈看着笛安问道。笛安又一次无可奈何地点了点头。

结账的时候，笛安在盘子里放上了她仅剩的50美元，已经没有多余的钱给侍者作为小费了。

"这是你全部的钱？"姑妈看了看盘子里零零碎碎的钱，又看了看笛安。

"是的，姑妈。"

"你真是一个懂事的孩子啊，竟然用全部的钱来请我吃了这么一顿丰盛的午餐，我很感动，孩子。可是，你真是太傻了啊！"

笛安没有说话。

"孩子，我问你，在所有的文字当中，你认为哪个字最难说？"

"我不知道。"

"是'不'字！而当你慢慢长大，你必须学会说这个字。其实，我早就知道你已经没有足够的钱来这家咖啡厅吃一餐了，可是，我还是来了，并且一直在点最贵的菜。在这个过程当中，我一直在观察你的表情——可怜的孩子啊，从始至终，你都不知道说一个'不'字，应该长点教训了啊，我的笛安！"不用说，最后这顿饭钱是姑妈付的，而且她还给了笛安60美元做礼物。

"知道吗？笛安，今天的午餐差点要撑死你的姑妈了。"姑妈接着说，"其实，一般来说，我的午餐仅仅是一小块面包而已，最多再加上一杯牛奶。"

每个人的收入水平不同，所以消费能力也不同。如果因为想要在别人面前不丢面子而硬揽"瓷器活"，那么，最后受委屈、遭尴尬的还是你自己，别人谁也替代不了的。

中国人最怕被人看不起，所以处处要争面子，有时候明明一个月工资都不够养活自己，还非得死要面子，勒紧裤腰带与人比阔。其实，我们应该展现最真实的自己，对力不能及的事可以潇洒地说一声"不"，而不必戴着面具生活。如果只是一味地要面子，那么到头来只能是自食苦果。

CHAPTER TWO

你可以说"不"

拒绝老板的"不好意思"

● 朝九晚五，不是朝五晚九：拒绝无偿加班

● 我不是"老白干"：拒绝分外事

● 当忠诚已成往事：拒绝当老板的替死鬼

● 我不是陪酒妹：拒绝成为交际花

● 这种事不能忍，更不能等：拒绝上司性骚扰

● 别和上司走得太近：拒绝职场零距离

朝九晚五，不是朝五晚九：拒绝无偿加班

"世界上最痛苦的是什么？""加班！""比加班更痛苦的是什么？""天天加班！""比天天加班更痛苦的是什么？""天天无偿加班！"

"不在加班中病态，就在加班中变态。"

"8小时内无法完成自己的工作——无能！公司给了你8小时内根本无法完成的工作——无情！觉得加班可以获得领导更好的印象——无知！也没什么事，反正下班就不想走——无聊！白天不工作，就为蹭加班费——无耻！真的遇到无情的公司只好加班——无奈！也没有加班费，就是想加班，不加班的话，吃大米饭都会过敏——无话可说！"

这些关于加班的看似戏言和怨言的说法，在调侃之余，也真实地反映了职场人的生活和工作现状，因为加班已经成为他们生活中的必要组成部分。

现如今，城市的生活节奏越来越快，人们的压力也越来越大。在一座座高级写字楼里面工作的白领们，却要为这些负面效应埋单。当"朝九晚五"变成"朝五晚九"时，很多人渐渐感觉麻木不仁、精神涣散、前途渺茫。

林青拖着疲惫的身躯回到住处时，已经是午夜12点了。屋子已经有近一个月没有好好打扫了，到处都是一次性餐盒和作废的设计图。林青找来笤帚胡乱扫了扫，感觉有些头晕，便躺在沙发上。沙发上堆满了衣服，林青抱起一团堆在左边沙发上的衣服，顺势扔到右边的沙发上，顿时右边沙发上的衣服又高出了一大截。沙发上终于有了一个空位，林青艰难地把自己塞进去，

手握遥控器，随便选了一个节目。在他看来，躺在软软的沙发上，悠闲地看十几分钟肥皂剧，就是一天中最悠闲的一刻。

电视上花花绿绿的图案在林青脑子里打转，他渐渐地快睡着了。忽然一阵急促的手机铃声响起，刹那间林青心头一紧——又来活儿了。

果然，是老板打来的电话。今天递交的方案有很多地方不够完善，需要改改，明天早上直接交给客户。林青揉揉眼睛坐到了电脑前，白光蓝光在他脸上晃着，键盘声响个不停，他感觉自己像个特工。

"外企的工资不是好挣的。"林青常常这样心有感触地说。从五年前在这家公司做实习生开始，加班就成了家常便饭。

刚开始，他还经常自我安慰，认为自己多做一点事情，就能有更大的业绩，从而会多一份得到上级赏识的机会。于是，他把加班当成了一个员工必须要付出的代价。顺理成章地，林青因为表现优秀而成功度过试用期，成为极少数留下来的实习生之一。

可是，当林青认为自己成为了正式员工，终于可以享受朝九晚五的合理待遇时，加班的问题接踵而至。按时下班对林青来说几乎是奢望。因为加班，林青多次推掉了和朋友的小聚，搞得朋友们说他比总理还要忙。

一次，在下班回家的路上，林青在公交车上睡着了，他做了一个梦，梦见自己变成了终日生活在转轮里的仓鼠，拼命蹬车，就为了拿到悬挂在轮子外面的那一块奶酪，但无论轮子蹬得多快，它都无法吃到近在眼前的奶酪。

国外有一项研究显示，超时工作应被列入心脏病的风险因素。研究人员发现，每天比其他同事工作时间更长的办公族，心脏病危险系数明显更高。

越来越多的人觉得，生命中比工作更重要的事情还有很多，特别是一些年轻的白领在工作中累死或猝死的事件频频发生以后，长时间工作的人不再被视为英雄，反而被看做不懂生命的人。那些晓得如何拒绝长时间工作的人，将是未来的领导人物，因为他们看得更长远。

事实上，拒绝加班，并不是和老板公然对抗，而是用更为智慧的方式来争取自身的利益。想要拒绝加班，全权分配自己工作之外的作息时间，就需要学会下面几招：

◎编造理由法

当你遇到明明周一可以搞定，上司非要你周末来加班的情况时，你可以这样拒绝："经理，这个周末我亲戚要来看我，真的不能来加班。不过您放心，所有的资料都已经备齐了，下周一下午我就可以把报告做完。客户周三才到，我还有一天半的时间可以复核审查，保证没有问题！"

上司通常不需要知道你的工作过程如何，而只想看到结果。如果你对他作了这样的保证，那么他当然不会再表示反对。不过请注意，你的这份承诺也就意味着给了他一个可以接受的最后期限，倘若下周一下班前你没有搞定报告，或即使做完，内容却十分糟糕，那么你将会失去上司的信任，届时恐怕永远都不需要加班了。

◎提前准备法

利用每天下午下班之前的一两个小时，向老板询问有没有临时的工作安排。你可以这样说："老板，我今天想要正点下班，请问您这里有需要临时处理的文件吗？"如此，不但让老板觉得自己得到了应有的尊重，而且在维护你"正点下班"这一权利的同时，留下了可以协商的余地。

在询问的时候，一定要坚持住自己的立场。千万不能使用商量的语气，如"老板，我今天可以不加班吗"，这样往往会招致否定的回答，还会让自己在老板的心目中留下一个好吃懒做的印象。

◎义正词严法

若你在上司眼中并不算优秀员工，而只是个私生活时间较少、可以随时拿来蹂躏的"软柿子"，那就请你直接告诉对方："对不起，我今天恐怕无法加班。毕竟我也有自己的家人和朋友，需要有自己的生活空间。而且加班时数已经远远超过其他同事，因此我今天拒绝加班。"

当然，这一招所带来的风险就是，你很有可能"炒了老板的鱿鱼"。所以，若非身处严格照章办事的大公司，这一招还是少用为妙。

◎嫁祸于人法

如果上司非常需要找帮手来解他的燃眉之急，而你又有十万火急的事情要处理，你不妨给自己找个替死鬼："不过我知道，阿强这个月一次班都没有加过，而且最近他事情比较少，如果您真的要找人加班，我推荐阿强。"

可口可乐总裁曾说："我们每个人都像小丑，玩着五个球，五个球是你的工作、健康、家庭、朋友、灵魂。这五个球只有一个是用橡胶做的，掉下去会弹起来，那就是工作。另外四个球都是用玻璃做的，掉了，就碎了。"

现在，请你静下心来想想，你有多久没有和三五知己一起说话谈心了？你有多久没有陪爱人逛街了？你有多久没有陪年迈的父母吃顿饭了？所以，拒绝那些额外的加班吧，到点下班就放下工作，回去多接近和善待那些真正对你很重要的人，因为他们记得的不是你在工作上的成就，不是你的升职加薪，而是和你相处的欢乐时光。

我不是"老白干"：拒绝分外事

老板的快递到了，但老板不在，签还是不签？同事休假却正好有他不得不去完成的工作，帮不帮他顶一把？要给客户演示的PPT似乎不够好看，需不需要顺手美化一下？或者是在重要会议上，某个同事陷入尴尬，要不要帮他解围？

在职场上，诸如此类的分外事随时都在发生，做还是不做？

一些员工每天都忙忙碌碌，但他并没有做出什么很有效的成绩，这是为什么呢？其中有一个很重要的原因就是他们不懂得拒绝，大事小事统统全包，不分先后，不知道做好协调，只要别人一开口，他就会忙前忙后地忘了更重要的事情，"捡了芝麻，丢了西瓜"。

陈莉去年大学毕业之后，应聘到一家服装外贸公司上班，公司除了老板之外，还有十来个同事，有财务，也有文员，所以陈莉想，作为一个外贸员，做好自己的业务开发工作就行了，工作职责应该是分明的。

可惜办公室的职责并不是那么泾渭分明的，上班不到一个月，陈莉就发现问题接踵而至。

先是有一天，她不小心把水杯打翻了，在擦桌子、拿拖把拖地时，被老板看到了，老板以为她在打扫卫生，先笑眯眯地表扬她："小陈就是勤快！"接着吩咐："待会儿顺便也帮我整理一下办公桌吧。"陈莉愣了一下，考虑到当着那么多同事的面，不好拂老板的面子，就乖乖地应承了。结果，隔三差五，这差事就落到了她的头上。幸好，频率并不是太高。

接着是有一天，陈莉看同事做报价表时，Excel操作得不太熟练，于是好心去教了一下；另一个同事收到的客户文件打不开，她又好心帮忙下载了个软件。于是，大家都开始认为她是个电脑高手，有了电脑方面的问题就叫"陈莉——"

后来，单位的电脑坏了，需要重装系统，老板把她叫去："快快快，给我修一下！"陈莉想，这样下去还了得，装着一脸为难地说："这个，我以前也没做过，不知道怎么弄。"结果，老板立刻说："没事的，我相信你一定能行的！你这么聪明，就算不会，看看说明书也就会了。"

以前，单位里接到不明电话找老板，有的同事随口就报出老板的电话，结果老板被一些推销人员弄得烦不胜烦；有的同事则一概回绝说不知道，结果丢掉了一些潜在的客户或资源。陈莉接到此类电话后，会用技巧过滤一下，把有用的信息转告给老板。时间长了，老板索性吩咐其他同事，遇到这种情况就把陈莉的电话报给对方，就说陈莉是他的秘书！于是，陈莉发现，自己的大部分时间花在了跟这些人周旋上，弄得自己的工作做得断断续续的。

凯威是一家保险公司的业务员。有一天，他和客户约好在一家茶楼里谈业务，他用尽浑身解数给这位客户介绍了业务内容，但是这位客户好像诚意不大，心不在焉地喝着可乐，似乎根本就没有听进去。

凯威知道他是搞电脑硬件销售的，而凯威在大学学的就是电脑，他就转移话题，大谈当今电脑硬件在市场上遇到的普遍问题，结果把对方的兴趣提了上来，最后两个人约定下个星期再见面，正式签单。

凯威非常兴奋，到了那天，早早地就准备好了相关的材料，然而这时手机响了，他的主管说有个多年没有联系上的大学同学要来，让凯威帮忙去机场接一下。

凯威觉得这是主管交代的事，自己应该帮忙，于是就答应了。

由于堵车，等他从机场回来，客户早就走了，他痛失了一单千辛万苦才谈下来的保单。

当领导一块一块往你身上加砖时，他并不是不知道砖的分量，但又觉得把工作交给一个老实巴交又不懂拒绝的人最省心。不过可别梦想他日后会关照你，恰恰相反，他要把好处留给那些会哭会闹的人。

每个人的能力不同，所以能承受的工作强度也不尽相同。老板给你指派任务时，你一定要先弄清楚这是不是自己的分内事。不要盲目地接受随时分派下来的指令，否则你只会在一阵手忙脚乱之后，才发现其实你把这份工作做得一团糟。

拒绝上司有多种方式，身在职场的你应该怎样拒绝才能既不伤和气，又能准确地让老板明白你的意思呢？

◎永远不要当众拒绝

当众拒绝老板的重大弊端有三：一是暴露自己的狂妄自大，不把上司放在眼里；二是容易引起上司的反感；三是会被上司鸡蛋里挑骨头，自己脸上亦无光。

◎拒绝之前先给上司一顶高帽

可以先赞扬上司是如何的通情达理、善解人意，然后才把拒绝说出口。这样，上司心里舒服，又不会驳回你的拒绝。

◎把你不这么做的原因说出来

首先表明自己对这项工作的重视，表明自己愿意接受的心情，然后再说明自己的遗憾，说明自己为什么不能接受，比如："我有件紧急工作，必须在这两天赶出来。"充足的理由、诚恳的态度一定能赢得上司的理解。注意，在陈述理由的时候，一定要以公司为主，表现出你的拒绝完全是出于工作考虑。

◎拖延时间

绝对不要在第一时间说NO，如果这是一件你不愿意做的事，暗中拖延也许是最好的拒绝办法。

◎一味拒绝并不可取

如果你拒绝的理由冠冕堂皇，但是上司仍坚持非你不行，这时，你便不能一味地拒绝，否则，上司可能会以为你是在推辞，从而怀疑你的工作干劲和能力，以致失去对你的信任，在以后的工作中，有意无意地使你与机会失之交臂。

运用这些方法，你一定能进一步赢得上司的理解和信任，也会为以后的工作铺一条平坦的大道，因为上司也是和你一样普普通通、有血有肉、有感情的人。你用温和的态度对他，他也会用温和的态度对待你。

当忠诚已成往事：拒绝当老板的替死鬼

　　老板和员工之间，简单来说就是雇用与被雇用的关系。可是很多老板很容易犯主观主义错误，容易把不该让下属做的事当做应该让下属做的事，容易把无理要求当成分内要求。

　　在职场上，很多人都会遭遇老板提出的无理要求。有的人选择默默接受，而有的人选择断然拒绝。当然，对好老板来说，你的拒绝可能彰显了你的原则性；不过，若是遇上了一个不讲理的老板，他可能会因你的拒绝而迁怒于你。

　　小英大学毕业没多久就拿到了全国注册会计师的资格，她踌躇满志地来到了北京，意欲大干一番，以证明自己的人生价值。

　　很快小英就在北京的一家公司找到一份工作。初上班，老板就对她格外器重，得知小英还没找到地方住，就一再邀请小英去他家居住。小英要求到公司宿舍去住，老板说公司宿舍已经满员了，等有空床位就会马上通知她。单纯的小英见盛情难却，只好答应先住两天。

　　上班的时候，小英只要一和公司同事单独相处，老板就会把她叫进办公室，问她同事们都向她说了什么，并说那些员工都很坏，要小英不要和他们来往。

　　工作了一段时间以后，小英了解到公司的宿舍都是两室一厅，其中一个宿舍现在只住着一个员工，公司的人都叫她李姐。小英一再要求到公司宿舍住，但老板说李姐心眼小，容不下人，要小英等她搬走后再去住。可小英发现李姐人很随和，也知书达理，并不像老板描述的那样。

半个月后，老板又叫她到办公室，问她生活和工作上的情况。小英回答说老板对她这么好，她一定会好好做事的。老板又闲扯了些事，话锋一转，又问她去年注册考试成绩考得怎样。小英说不错啊，老板就叹息了一声，说他工作忙，连考试都没有时间，问小英今年可不可以代他参加考试。小英头皮一阵发麻，心想那不是作弊吗，查出来怎么办？老板一再安慰她说不会被发现的，他以人格担保。小英无奈，只好说容她考虑一下。

后来，李姐搬出了宿舍，小英又提出到宿舍住，这次老板同意了，并让小英复习。小英考虑了很久，还是拒绝了老板的要求。在拒绝的时候，小英想起老板平时对她不错，心里还是很有些内疚。

第二天一上班，小英就看到老板的脸色不好，对她的态度更是180度大转弯。下午，老板叫小英到他办公室，说了些"公司庙小，容不下你这尊大佛"之类的话，小英知道自己被炒鱿鱼了。

当上司要求你做违法的事或违背良心的事时，你该怎么办？你可以平静地解释你对他的要求感到不安，也可以坚定地对上司说："你可以解雇我，但我不能这样做。"如果你幸运，老板会自知理亏并知难而退，否则，你可能真的会被辞退，就像上文中的小英那样。但假若你不能坚持自身的价值观，不能坚持一定的准则，那么只会迷失自己，最终还是会影响工作，以致断送自己的前途。

罗飞是北京某著名高校的本科生，毕业后一直留在北京工作。他忠厚老实，工作一向很认真，可是他不懂得讨好上司，也不懂得和同事建立交情，所以一直没有机会升迁，待在公司七年多，仍然是一名基层人员，领着饿不死却也攒不下钱的死薪水。

一次同学聚会，罗飞看到很多人都开上了轿车，有了自己的事业，有些愤愤不平。席间，有同学问他为什么不辞职创业，罗飞说是为了报恩。

原来刚进公司不久，罗飞就意外出了车祸，被撞断了腿。手头拮据的罗飞没钱付医疗费，是慷慨的老板给垫的。后来罗飞打定主意，一定要报答老板的恩情。

2003年春夏，北京遭遇"非典"，这使得人们谈"非"色变，只要一有疑似病例，就会隔离周围很多人。罗飞所在公司的老板想趁此机会报复一下竞争对手，他找来了对自己忠心耿耿的罗飞，让罗飞给防治"非典"中心打电话，谎称竞争对手的那家公司里发现了多名"非典"疑似患者。罗飞也没有多加考虑，认为老板既然说了，就要遵照执行，于是，他打了这个电话。

就因为这个电话，对方公司不得不放假很长时间，而且很多人都被隔离观察，最后，才发现不是那么回事。当时的情况很严重，医务人员的工作也很严峻，出现了这种情况，给医务部门和很多相关人员造成很大的麻烦，严重影响了社会秩序，所以，警方经过调查，查到了罗飞那里。

罗飞在警方审讯人员的强大攻势下，交代自己是受老板指使。可是，这时老板却说自己并不知道这件事，更没有指使罗飞打电话，假如他要事先知道罗飞干这样的蠢事，一定会严厉制止罗飞的行为。就这样，罗飞对老板盲目服从，最后只能是引火烧身，毁掉了前程。

把老板的事当做自己的事来做，这是非常荒唐的。卸磨杀驴的故事我们听得太多了，可生活中还是没有多少人引以为戒。所有的老板都需要忠心耿耿的员工，可并不是所有忠心耿耿的员工都有好前程。如果把企业比作是一条船，老板就是船长，员工是水手，甚至只是一名乘客。一旦船承受不了这么多重量时，老板第一个想的就是把你扔进海里。

士为知己者死。曹沫之于鲁庄公，专诸之于伍子胥，荆轲之于太子丹，诸葛亮之于刘玄德，多少古代的仁人侠士因为这句话不避生死？而今天，这种"风萧萧兮易水寒"式的慷慨悲歌，除了能在电影中找到一鳞半爪外，似乎已经绝迹，留下的只有士为知己者"装死"的笑话了。

世事如棋，变幻不定，职场亦如此。在一个快速变化着的职场江湖里，员工忠诚的对象到底应该是谁，这是一个非常模糊的概念。那么，老板是你的忠诚对象吗？市场经济，竞争激烈，说到底，老板与员工之间不过是契约关系、利益关系罢了。我挣你一份薪水，你剥削我的剩余价值，也就是互相利用。人一走，茶就凉，哪里有什么义气可言？

　　当然，有时候或许也能碰上一两个赏识你的老板，跟你推心置腹、以哥们相称的。但你千万别以为这就是把你当生死之交了，他不过是看中了你身上的某一点特征，可以为他带来更多的利润！

　　这个世界上没有无缘无故的爱，也就没有无缘无故的忠诚。如果说今天还有什么值得我们以忠诚相待的话，那应该是对自己人生计划的忠诚，把它规划好，并为之负责，"当你回首往事的时候，不会因虚度年华而悔恨，也不会因碌碌无为而羞耻"，这样就够了。

我不是陪酒妹:拒绝成为交际花

单位有应酬,特别是来客大都是男人的时候,领导就时常会想到把单位的女人拉去作陪。领导可能最喜欢喊两种女人"陪酒":一种是不一定长得漂亮,但绝对能喝,可以让男人招架不住;另一种则是不一定能喝,但长得漂亮,这样酒桌上就多了兴奋点,喝不好酒也不会让人觉得无趣。

在这家设计公司,季雅已经工作了整整五年。在这五年内,季雅一直默默无闻,兢兢业业地做着琐碎繁杂的分内业务。

一次偶然,上司领员工们去了一家大酒店聚餐,席间,男同事屡屡向女职员"挑衅"拼酒,季雅看不过眼,就替她们多挡了几杯,几个回合下来,整个酒桌就没几个清醒的了。季雅的海量给上司留下了深刻印象,没想到的是,这一特长竟改变了季雅原本平静安宁的生活。

那天中午,季雅正要下楼到餐厅就餐,上司把她叫住了,说中午公司要宴请一个大客户,他的意思简单明了:让季雅来作陪。季雅心想:坏了,都是那天拼酒惹的祸。无奈之下,她只好一同前往。

渐渐地,季雅成了公司里有名的"交际花",因为她是最漂亮的单身女孩,酒量又好。这种应酬最直接的后果,是季雅经常被一些真心或假意的男人骚扰。而且上司还发话:"这是重要客户,不要得罪他们。"很多时候,季雅都忍着,不知道该如何拒绝上司,该如何拒绝客户。

一次,季雅在酒桌上认识了一位30多岁的"钻石王老五","王老五"似乎看季雅很顺眼，频频向季雅发出私约邀请。出于不得罪的规矩，季雅随叫必到。渐渐地，"王老五"的爱情攻势更加猛烈，由于在工作上有求于人，季雅不禁进退两难。有一天，"王老五"让季雅表态，季雅告诉他自己已经有男朋友了，但是"王老五"知道她在说谎，依旧没有死心。

季雅想来想去，决定要和上司好好谈谈。季雅就对上司说："首先，我不是交际花，如果工作需要我去出席某种场合，那么我可以去，但是像这样的骚扰我不希望有，我希望您能尊重我的隐私，不要将我的私人情况告诉给客户。其次，这段时间我很累，想好好休息一下，请给我三天假期，让我好好清静一下。"

上司看了看季雅，微笑着说："对不起。"

很多时候，我们往往疲于应对各种名目的酒会，却最终忽略了自己身体的承受能力。直到身体出现警告时，才后悔当初的行为，岂不为时已晚？量力而为是我们都懂的道理。明明是难以完成的任务，只因是上司的委托，不得不接下来，这样就显得过于软弱了。纵使是平时对自己不错的上司委托的事，但如果做不到，你也应很明确地表示，说："对不起，我做不到。"

但如何拒绝，又不至于把领导得罪？这就得用点心计，才能少受罪或不受罪。针对各种不同的情况，有这样几个屡试不爽的办法：

◎三十六计走为上

如果你事先对酒局有所预料，便事先对上司说有事，找机会脚底抹油溜之大吉，并在上司最可能找你的时候，关掉手机。这样，不知者不为怪。领导追问，讲明事因，并说手机没电了，自然可以遮过。

◎金蝉脱壳

万一无法逃走，那就索性坐下来，装不舒服，但也不显出要走的样子。等开席饮酒时，先喝一大口，然后装着极不舒服大口吐出来。弄脏桌椅，并称近日自己身体极不舒服。上司见桌椅弄脏，自然觉得败兴，但又怪不起你。你这时提出要去看医生或是去休息，上司自然不会再留你。

◎虚张声势

如果是上司事先就嘱咐过了的，你临时找事由要走，会让上司觉得你不顾大局。说不定会惹恼上司。这时，可以先爽快答应。背后，打电话给自己的家人或是玩伴，让他们在酒宴未开始时，打一个电话过来，称家里有什么急事，这样当着上司和客人的面，让上司弄清是啥回事儿，然后，十万火急地请求离开。

◎无中生有

平常准备一份体检证明，管它是谁的，把名字改成自己的即可。只要是关于这"炎"那"症"的，这"高"那"低"的，郑重其事在上司面前掏出来，说明自己不能沾酒的原因。没有人会让你拖着病恹恹的身体去参加酒会的，等你如此说过之后，有心的上司还会专门来家看望你。

◎先发制人

平常的时候，有事没事就当着上司的面表示自己最讨厌吃吃喝喝的那一套了，并对其他单位应酬之事表示不屑，这样上司一想到你的态度，道不同不相为谋，就不愿喊你去陪酒了。

这种事不能忍，更不能等：拒绝上司性骚扰

对大多数上班族来说，女性职员和男上司接触的机会很多。如果你聪慧、出色、敬业，很得他的赏识，这自然是好事。可是，男女之间的关系毕竟是微妙的，如果你的上司妄图窥探你昨晚和谁共度春宵，或者用貌似不经意的口吻提到他现在极其厌烦回家面对他的黄脸婆时，那么他的言行已经越界了。

一些拥有一定权利的男上级，虽然已经有了老婆，但还会向女下属播撒情种，有些女士会愤而递交辞呈。这种办法很消极，毕竟找到一个好工作不容易，为这些完全可以避免的事情丢弃一切，太不值得了。有什么办法能拒绝上司的骚扰呢？会说话的女人要懂得巧妙地拒绝，既不伤对方面子，也给自己留有余地。

小梅和小芳同在一个公司工作，她们两个都是漂亮的女孩，小梅性格刚直，小芳聪明灵巧，而她们的经理是一个好色之徒，经常对一些女员工动手动脚。小梅遭到刘经理的骚扰时气愤地说："我不是轻浮的人，请你别这样。"刘经理真的不再对她动手动脚，但不久，小梅便从办公室被调到车间工作去了。

小芳对于刘经理的不怀好意是这样说的："我知道您是和我开玩笑，但我才不会相信呢！大家都知道您是个人格高尚的人，我们都很尊重您。"刘经理就坡下驴说："哈哈，我刚才真是跟你开玩笑的，我是想试试你是不是值得信任，现在我放心了，刚才的事，希望你就当作没发生过。同时，你一

定要注意，咱们公司有几个心术不正的人，要防止上当啊！"从此以后，小芳便再没遇到过类似的情况。

在职场中，难免遇到品行低劣的上司，为维护人格的尊严，拒绝上司的无理要求，需要开动脑筋，不可强硬顶撞。

很多人没有勇气拒绝上司，觉得自己找工作很不容易，所以应该忍气吞声。其实，这种想法很错误。尽管员工在职位上低于上司，但在人格上却应是独立和平等的，并不隶属于上司，也不应不分善恶是非一切都得服从上司。

在《杜拉拉升职记》中，杜拉拉的台湾老板阿发对公司年轻貌美的女职员垂涎欲滴，他通常会叫女职员单独留下，先拍拍肩膀做慈爱状，接着送给她一张五星级酒店的常住卡，然后道出自己当过黑社会小弟的历史，并露出胸前的刀疤让女职员摸……曾被骚扰的女同事琳达劝杜拉拉："这种事你要么忍，要么等，等更年轻漂亮的女职员进公司。"

不过，面对上司的性骚扰，杜拉拉坚信"这种事不能忍，更不能等"。有这样一个场景：杜拉拉的经理出去接个电话，杜拉拉坐下来看一份传真，忽然感觉老板阿发拿脚在摩挲她的脚背。正是夏天，杜拉拉没有穿袜子光脚穿着凉鞋，她浑身一激灵，感觉像有只又湿又冷的肥老鼠爬过她的脚背。杜拉拉把脚抽回来假笑道："胡总，不好意思，我乱伸脚碰到您了。"

面对骚扰，杜拉拉的态度很明确，心平气和又巧妙地表达出自己拒绝骚扰的态度，不伤和气，又能使老板知难而退，化解职场上的尴尬。

每个职场女性都想保住饭碗，得到上司的欣赏，但又须提防过度"欣赏"。如何才能逃出男上司权力的魔爪，做到智勇双全，既能保住自己，又不至于失去工作呢？

◎用严谨端庄的着装和言行树立规矩的正派女孩形象

在工作期间，女下属要注意自身的形象，穿着不要太暴露、太性感，行为举止不能太轻浮、轻佻。意志力弱的男人，在受到穿着暴露的女人的刺激后，容易胡思乱想、想入非非。

◎坚决拒绝暧昧空间

切记，别有事没事往领导办公室跑，如果的确有事向领导汇报或请示，踏入领导办公室时，别随手关门，让办公室大门敞开，别给领导留有性骚扰的机会。

下班了，及时回家，别单独与领导出去吃饭、喝茶、聊天，当两个男女出现在单独的空间里，如果再加上昏暗的灯光、柔和的音乐，在这种暧昧的环境里，极容易产生性骚扰。

◎主动反击

当男上司借故邀约，意图对女下属图谋不轨时，女下属不妨在男上司面前漫不经意地说一句："你太太……"或者想办法与上司的太太成为朋友。这样的话，即使男上司吃了豹子胆，也不敢再轻举妄动了。

◎不要接受上司的礼物

上司经常出差，回来时，给家人朋友带点礼物是正常的，也难保不会给下属买点什么。不过，不要来者不拒，更不要欣喜笑纳。拿上司的贵重礼物通常不会带来好的影响。

某公司的文员小娜，很得老总的喜欢。一次老总去省城前，问她："你喜欢什么，我顺便给你捎回来。"小娜说："难得老总垂爱，我缺个挎包，你看着买吧。"老总回来时，真的给她买了一个挎包。小娜喜形于色，天天挎在肩上。室友见了问她："小娜，挎包很好看啊，在哪买的？"小娜说是别人送的。室友问："是谁，男朋友吧？"小娜眉角一挑，得意地说："不，是老总。"这一下，室友惊呆了，羡慕的同时，也忍不住背后嘀咕："看来小娜已经和老总关系不一般了……"

◎别泄露个人隐私

在领导面前，不要谈及自己的感情与婚姻，尤其不能向领导倾诉老公的种种不是，否则领导会以为你在向他暗示，向他暗送秋波。这样，领导接到错误的信号，极容易发生性骚扰。平时应在向你有骚扰举动的领导面前多夸夸自己的老公与孩子，向他表明你的婚姻很幸福，家庭很完美，没有出现裂痕，你别想插足。

同时，在职场上，见领导就要打招呼，并带上他的职务，时刻向他提醒您是领导，请您注意领导的形象。

既要尊严，又要工作，面对办公室骚扰时，不妨多角度思考，多琢磨些对策，解决事情时就可顾全大局，又能保护好自己。要谨记，逃避及沉默都不是解决之道。

别和上司走得太近：拒绝职场零距离

在外企中流行着一句名言："老板可以经常拍你的肩膀，但你永远别拍老板的肩膀。"

的确，不论什么时候，上司就是上司，即使你们的关系很不一般，也不意味着对他可以没有敬畏和恭维。然而，我们却往往因为和上司走得很近，就忽视了这一点，从而影响了自己的职业发展。

年前从某外企辞职之后，王蔷的心情陷入了极度郁闷中。说来也是，王蔷自从研究生毕业后进入那家外企以来，近十年的时间她在这家公司一路走来，可谓"春风得意马蹄疾"。

王蔷和她的上司张女士非常合得来，不光在工作上珠联璧合，就是爱好也惊人地相似。比如她们喜欢用同一牌子的化妆品，喜欢酒吧，喜欢看王家卫的电影……为此两个人在一起的时间也就多一些。有一次，两人不约而同地穿了一件不同款式却绝对风情万种的春衫，她们在更衣室相遇，嬉笑着互骂彼此是妖精，于是王蔷私下里就称张女士"老妖精"，张女士也乐着回一句"小妖精"。

办公室本是多事之地，她们的亲密自然招致了别人的非议。张女士从此留了心，她想慢慢疏远和王蔷的距离，可是王蔷却没有意识到这点。一天，张女士在自己的办公室里接待一位客户，王蔷敲门后进来，以为没有别人就冲着她问："嗨，老妖精，今天晚上去看电影怎么样？我搞到了两张票。"张女士的脸色立刻很不自然，只说了一句："你风风火火的像什么样子？这是在办公室。"王蔷这才发现在那张宽大的黑色沙发里，坐着一个穿黑风衣的瘦小老头。

几天之后，年终奖公布，王蔷没有拿到一分钱。看着同事们在背后不断地指指点点，王蔷自知是再难在这家公司继续待下去了，于是便在递了辞职信之后，形单影只地拿着自己的东西离开了公司。

可见，与老板的亲密关系不一定会成为自己的保护伞，相反，有时会给自己带来负面影响，想必这是王蔷在当初走近张女士时所没有料到的。

在冷风瑟瑟的冬日里，有两只困倦的刺猬想要相拥取暖休息。但无奈的是双方的身上都有刺，它们无论怎么调整睡姿也睡不安稳。但分开又冷得受不了。经过反复的折腾，两只刺猬终于通过自己的努力找到了一个合适的距离，既能互相取暖，又不至于刺到对方，于是舒服地睡着了。

这就是有名的"刺猬理论"：距离太近，就会刺伤对方；距离太远，就会感到寒冷。一般来讲，人与人密切相处当然不是一件坏事，否则怎么会有"亲密的战友""亲密的伙伴""如胶似漆的伴侣"等词语呢？但任何事情都不能过分，过分就易走向极端。在现实生活中，这种"亲则疏"的现象是较为普遍的，这大概也可算作一条交际规律。因此，朋友之间不可以过密，上下级之间不可以过亲，否则就会给彼此带来伤害。

我国有句老话叫"久别胜新婚"，讲的是夫妻之间不必成天耳鬓厮磨，适度的分别更能增添夫妻生活的情趣。如果有一个时期过分的亲热，将来一定有一个时期会特别的疏远。要避免将来的不幸，还是现在不要过分亲热。"人情淡始长""友如画梅须求淡"，说的就是这个道理。

推而广之，在日常交往中，交际双方表现出过分的亲密或纠缠不清，有时也会让人感到别扭。"列车即将进站，请乘客们站在黄色安全线内候车。"相信每个坐过地铁的人都听到过这句话，在同上司的交往中也是如此，千万不可越过这条黄色安全线。

"一朝天子一朝臣"，上司或老总的变动，不可避免地会波及下属的职位，新任管理层一般会在人事上来个"大换血"，尤其是在你的旧上司非正常离职的前提下。如果你在别人的印象里是他的人，那么，这时也许你该做好走人的准备了。

以下是和你的上司保持距离的五个"小贴士"：

1.减少单独在一起的时间，比如吃饭、逛街、去俱乐部、一起回家等。

2.减少开玩笑的机会和次数，频繁的玩笑会让别人以为你们的关系已是非常亲密。

3.不要牵扯到上司的生活里，如果他经常需要你帮忙做一些私事，最好还是找个站得住脚的理由，巧妙回绝为佳。

4.不要在上司的办公室里一谈就是半天，哪怕是为了工作，以免给他人留下"你是他的心腹"的印象。

5.了解领导的主要意图和主张，但不要显得对他每一个行动和措施的意图了如指掌。不然会使他感到，你的眼睛太亮了，什么事都瞒不过你。那么他工作起来就会觉得很不方便。

世界上最难控制的距离，既不是与仇人的距离，也不是与恋人的距离，而是与老板的距离——这既要有良好的公事沟通，又要保持互不侵犯私生活的原则。这样的安全距离，你能做到吗？

CHAPTER THREE

我不是哆啦A梦

拒绝同事的"不好意思"

- 没有金刚钻，不揽瓷器活：拒绝能力以外的帮忙
- 吃了人家的嘴软，拿了人家的手短：拒绝别有用心的礼物
- 我不是你的私人银行：拒绝借钱不还
- 我不是长舌妇：拒绝流言蜚语
- 瓜田李下闲话多：拒绝办公室暧昧
- 从此不做月光族：拒绝频繁聚会
- 不被人情套牢：拒绝保险推销

没有金刚钻，不揽瓷器活：拒绝能力以外的帮忙

在工作和生活中，人们难免都会有托人办事的时候，同样的，别人也会托你办事。

聪明的人总会诚恳地把自己融入别人的生活，常常给予别人善意的帮助，同时也使自己快乐和充实；愚蠢的人却无视这一点，只知道拼命而冷漠地从别人那里索取自己需要的东西。

《论语·颜渊》里说："君子成人之美，不成人之恶，小人反是。"成人之美，就是帮助别人达成愿望。爱默生曾经说过："人生最美丽的补偿之一就是自己真诚地帮助了别人之后，别人也真诚地帮助了自己。"所以，不要以为自己不需要别人的帮助，也不要以为自己太过渺小，根本就没有任何可帮助别人的地方。

二战时，在一场激烈的战斗中，上尉忽然发现一架敌机向阵地俯冲下来。照常理，发现敌机俯冲时要毫不犹豫地卧倒。可上尉并没有立刻卧倒，他发现离他四五米远处有一个小战士还站在那儿。他顾不上多想，一个飞身将小战士紧紧地压在了身下。一声巨响，飞溅起来的泥土纷纷落在他们的身上。上尉拍拍身上的尘土，回头一看，顿时惊呆了：刚才自己所处的那个位置被炸成了一个大坑。

爱出者爱返，福往者福来。当我们把别人脚下的绊脚石搬开时，或许正好给自己铺平了道路。你帮助了别人，在恰当的时候，别人对你的苦难也不会袖手旁观，他们也一定会对你鼎力相助。

可是，生活中我们往往碰到这样的人：他们为了使别人对自己有个好印象，或为了保全自己的面子，往往对对方提出的一些要求不加分析地全盘接受。

三国时的蒋干就是这样一个人。他自以为了不起，认为自己的口才可以同春秋战国时联横合纵的雄辩天才相比。他向曹操自荐去说服周瑜投降，而且信心十足，青衣小帽，再加一个书童，一叶扁舟就去见周瑜。周瑜也不是白吃干饭的，年纪轻轻便能统率百万军队，不是一个同窗的说客就可以动摇的。蒋干来到周瑜的兵营，连三句半都没说上，就被周瑜玩得团团转，最后带回的密信让曹操上了当，使魏国损失了两员大将。

人要有自知之明，所以，哪怕是帮最好的朋友办事，也要量力而行，切不可打肿脸充胖子。自己最应该了解自己的能力，能吃几碗饭，能干多少事。蒋干就是太自不量力，事没办好不说，居然还上了人家的当。办不了的事就是办不了，朋友之所以来找你，就因为他也办不成，别为你帮不上别人的忙而不好受，与其搞砸了事情，还不如让他另请高明。

然而，拒绝别人的要求并不是件容易的事。日本一所"说话技巧"大学的一位教授说："央求人固然是一件难事，而当别人央求你，你又不得不拒绝的时候，亦是叫人头痛万分的。因为每一个人都有自尊心，希望得到别人的重视，同时又不希望别人不愉快，因而，就难以说出拒绝之话了。"

的确，在承诺与拒绝两者之间，承诺容易而拒绝困难，这是谁都有过的经历。

怎样拒绝别人又不得罪他、不恶化相互关系呢？这需要一定的技巧。

◎拒绝，但不使人尴尬

有人会发此疑问：当我们在朋友面前，被逼得非答应不可，而又明知这事不该答应时又怎样？

人际关系学家告诉我们："我们需要在聆听别人陈述和请求完毕之后，轻轻摇摇头，而态度并不需要很强烈。"

轻轻摇头，代表了否定，别人一看见你摇头，知道你已拒绝，接着你可以从容说出拒绝的理由，使别人易于接受。

◎诉说不为人知的背后故事

当前或许你的经济状况高于他人，或许你的社会地位高于他人，但是并不表示这一切都是你不劳而获。人们往往看到的是人前的光鲜，却不知道人后的辛酸。所以，在朋友求你办事的时候，你不妨把隐藏起来的往事拿出来与之分享。

一番谈话之后，他自然就会明白一个道理，那就是没有人会随随便便成功，也没有人能完全依靠别人成功。所以，他自然就会打消求人的念头。

◎运用幽默拒绝他人

著名作家钱钟书先生非常幽默，常常妙语连珠。有一次，在婉拒一位英国女士慕名求见时，他说："假如吃了鸡蛋已觉得不错，何必还要认识那下蛋的母鸡呢？"还有一次，在谢绝了一笔高额酬金后，钱老莞尔一笑："我都姓了一辈子'钱'了，难道还迷信钱吗？"

实业家王光英在飞赴香港创办光大实业公司的时候，刚下飞机，就遇到一位香港记者上前发问："先生，请问您这次带了多少钱来？"王光英见是一位女记者，迟疑了一下，然后便答道："对女士不能问岁数，对男士不能问钱数，小姐，你说对吗？"女记者闻听此话，自知语失，无言以对。

幽默的回答，在拒绝他人时，有着独特的优势，它不仅能用幽默的语言反驳对方的错误观点或无理要求，而且不伤及对方的面子，不会损伤彼此的感情，是人们在社交中经常采用的方法。

◎授人以鱼不如授人以渔

一时脱离了困境，不代表永世不用再去受苦受难。授人以鱼不如授人以渔，你可以引导并且教会他一些做事的方法与技巧，让他尝试着从零开始。如此一来，你教会他的是永世不会枯竭的技术，而不是暂时用以充饥的大饼。

总之，没有金刚钻，就别揽瓷器活，如果单单是为了争面子，而不惜一切夸大自己的实力，最终将会尝到苦果。拿破仑说："我从不轻易承诺，因为承诺会变成不可自拔的错误。"如果办不成此事，就要学会拒绝，碍于情面答应或随便夸下海口都是得不偿失的。

吃了人家的嘴软，拿了人家的手短：
拒绝别有用心的礼物

　　"吃了人家的嘴软，拿了人家的手短"的意思就是接受了别人的好处，吃了别人的东西，办事时便会因感觉理亏而给予照顾、有所偏私。句中的"短"字是由其本义"缺点、短处"引申出来的"理不直、气不壮"的意思。

　　春秋时期，鲁国的相国由公仪休担任。他这个人别的嗜好没有，就是特别喜欢吃鱼，于是那些想要巴结他的人便不断地送鱼给他。但是公仪休对于他们的礼物一概不接受。家里的用人便问他："先生这么喜欢吃鱼，为什么不接受别人送的礼？"公仪休义正词严地说："正因为我喜爱吃鱼，所以才不接受他们的馈赠。如果我接受了别人的鱼，在以后的办事过程中就一定要迁就别人，这样就会歪曲法律、执法犯法，有被罢黜的危险。如果我被罢免，即使再喜爱吃鱼，这些人也一定不会送鱼给我了，而我那时自己也没有能力去买鱼了。如果我不接受鱼，就不会徇私枉法，这样就不会被免职，不免职，即使爱鱼的嗜好一辈子不变，也能长期靠自己的薪俸来买鱼吃。"

　　这就是"吃人家的嘴软，拿人家的手短"的出处。

　　现代人的生活离不开社交活动，这些形形色色的活动必定会涉及人情，而人情债是世界上最难偿还的一笔债，人活一世不欠人情，那是不可能的。所以如果欠了人情，就要留点神，最起码要给自己留点后路，别让人情成为你做事的负担。

　　跟古人相比，现代人的生活速度已提高许多，请朋友办事的概率也大大提高。假如一个并不经常来往的朋友某一天忽然携重礼登门，你可千万别奇怪，他定是有事求你来了。

如果送礼之人是善意的，你大可以表示谢意并接受它；如果送礼之人不怀好意，就需要用到拒绝的艺术了。

三国时期的华歆在孙权手下时，名声很大，曹操知道后，便请皇帝下诏让华歆进京。华歆起程的时候，亲朋好友千余人前来相送，赠送了他几百两黄金和礼物。华歆不想接受这些礼物，但他想，如果当面谢绝肯定会使朋友们扫兴，伤害大家的感情。于是他便来者不拒，先将礼物统统收下来，并在上面一一记下送礼人的名字，以便原物奉还。华歆设宴款待众多朋友，酒宴即将结束的时候，华歆站起来对朋友们说："我本来不想拒绝各位的好意，只是没想到收到这么多的礼物。但是，匹夫无罪，怀璧其罪。我单车远行，有这么多贵重之物在身，诸位想想我是否有点太过危险了呢？"

朋友们听出了华歆的意思，知道他不想收下礼物，又不好明说，使大家都没面子，他们心里对华歆的敬意油然而生，便各自取回了自己的东西。

假使华歆当面谢绝朋友们的馈赠，试想千余人，不知道要推却到什么时候，也不知要费多少口舌，搞得大家都很扫兴，使彼此都非常尴尬。而华歆却只说了几句话便推却了众人的礼物，又没有伤害大家的感情，还赢得了众人的叹服，真可谓一箭几雕。

华歆为什么能够成功地谢绝馈赠呢？

这主要是因为华歆注意保全朋友们的面子，他在拒绝朋友时，没有坦言相告，而是找了一个危害自身安全的理由，虽然朋友们也知道他是在故意推辞，但也不会以此为意，因为华歆委婉的拒绝并没有让他们丢面子，也没有令他们跌身份。

中国有句古话："官不打送礼的。"就是说在送礼人面前，再严厉的官也不好意思板下脸来训人。生活中，经常会出现这样的情况，人家送礼，可是自己不能收，或者不方便收，那么该怎么办呢？其实，拒绝收礼也要注意分寸，讲究礼仪。

◎婉言相告

受赠人应该采用委婉的、不失礼貌的语言，向赠送者暗示自己难以接受对方的礼品。比如，当一位男士约一位小姐去看电影，女士在回绝时可以这么说："最近我正在学习英语，实在是没有时间。"

◎直截了当

你可以当场予以回绝，直截了当地说明自己难以接受的原因。态度要诚恳，立场要鲜明，柔中见刚，使送礼者没有回旋余地。例如："这件礼物过于亲昵了，我们之间的关系不允许我接受这样的礼物。"如果对方坚持要你收下礼物，那他就太无礼了，你只需说"我已经给你解释清楚了"或"我仍然不想接受任何礼物"。

◎以案例示人

送礼之人往往无所不用其极，总是借亲情、友情、老乡感情等理由进行掩盖，让人不好意思拒绝。遇到这种情况时，不妨旁敲侧击，举一些案例作为"挡箭牌"："我们有规定，接受现金馈赠一律按受贿处理，某某人就是因为收礼而丢了位子，虽然咱们是好朋友，但还是很难避嫌，千万不能在关键时刻让人误会。"

◎事后归还

中国人好面子，带来的东西你不收，他觉得是你不给面子，瞧不起他；你再让他带回去，那就更是有损尊严了。因此，可以采用事后退还法加以处理。但一定要注意别破坏包装，如果其中包括一些易坏的食品，最好能买点新鲜的送回去，或者以价值相当的礼物回赠给人家。但要注意的是，退还礼品的时间不要拖延过久，最好在24小时之内。

我不是你的私人银行：拒绝借钱不还

曾经在网上看到过这样一个测试：一个关系较为密切的朋友，早先借了你一笔钱，到了该还钱的时候，不仅没还，还又来借钱，说下次两笔一起还。在这种情况下，你该如何做呢？有四个选项：

A. 催讨前债，跟他翻脸；

B. 象征性借一点，如果对方还不了，也能承受；

C. 要求对方打借条，限期还钱；

D. 考虑对方可能有难处，先借给他。

有四千余人参与了这项调查。其中38%的人选择了D，理由是"虽然不太想借，但也不好意思拒绝"；36%的人选择了B，理由是"宁愿吃哑巴亏，也不好驳人面子"；20%的人选择了C；只有6%的人选择了A。

可见，当朋友借某件东西时，我们通常不会拒绝，一是碍于人情，二是不想给自己留下小气抠门的坏名声。一旦朋友、熟人向你借某样东西时，一句"你还信不过我"就能让你倾囊相助，事后却又后悔不迭。

杨凌和林岚同在一个广告公司，两人既是同事又是好朋友，诸事都会结伴而行，情同姐妹。

一休息日，林岚打电话给杨凌说她下个星期要主持一个盛大的产品发布会，需要一条比较正式的长裙，要杨凌陪她去商场选购服装。

逛遍了大大小小的商场之后，她们进了一家价格绝对令人腿软的品牌店。

训练有素的导购小姐看出了林岚这个双眼放光的中年女人绝对不会只是一个"观光客"，于是麻利地拿出一条华美的宴会长裙，价格令人咋舌。

"杨凌，我身上的现金不够了，你有没有带信用卡？"林岚眨着涂了厚厚的睫毛膏的双眼冲杨凌小声地问道。通过长时间的接触，杨凌知道林岚是找个理由就烧"钱"的人，但是碍于朋友的面子，也只能将信用卡递给了林岚。

两个月过去了，虽然两人天天抬头不见低头见，可林岚却像没事人似的，完全忘记了刷卡的事儿。有一次，两人在电梯里相遇时，杨凌终于忍不住了，迂回地问道："林岚，怎么不见你穿上次我陪你买的那件裙子？"

"别提了，我老公说那件裙子太土气，我后来发现的确不是很适合我。"林岚依然眨着涂了睫毛膏的双眼若无其事地说道。

杨凌愣愣地望着林岚，半晌才反应过来一件事——欠债人的记忆突然"短路"了。

莎士比亚曾说过："不要轻易借钱给别人，也不要轻易向别人借钱；借钱给别人会让你人财两失，向别人借钱会让你挥霍无度。"可是在日常生活中，每个人都有被别人借钱的经历，而且至少1/5的钱借出去再也没有还回来。

都说欠债还钱，天经地义。可就有这样的人，向你借了钱，过后却只字不提还钱的事。该怎么办？明讨？拉不下面子。暗示？如果对方想不起来呢？

现实中欠债人突然"失忆"分为两种：一种是真的忘记了，一种是揣着明白装糊涂。

如果是第一种还好说，欠债人会通过你不断的暗示和提醒突然记起，并羞愧难当地向你不断道歉。这时，你要很大度地表示自己不急需用钱，更没有讨债的意思。当然，对于还钱心切的欠债人所许诺的还钱日期也没必要推迟。

要是遇到第二种可就有点麻烦了，暗示对于他们就是瞎子点灯——白费蜡。重要的是他们忘记了借钱和还钱是对彼此的一种尊重。对于这种不尊重他人的人，很多人都选择了吃闷亏。

那么，如何巧妙地拒绝别人借钱的请求，又如何讨回属于自己的钱，让你既不"赔了夫人"，又不"折兵"呢？

◎直接撒谎法

当朋友跟你借钱时，你要表现出为难的样子："其实我一直都没跟大家说，我在外地买了一处房产，所以手上根本没有什么现钱。"

◎ 耍赖法

先不要急着表态，而是笑着问他："你看我的脸干净么？"对方仔细看了看说："没脏，挺干净的。"你接着说："我的兜比脸还干净呢。"

◎以毒攻毒法

对于有些忘性极强的欠债人，恼羞成怒的你又无法用黄世仁的讨钱办法来对付这些昔日的"杨白劳"，难免会愁眉不展、大伤脑筋。

其实大可不必，俗话说："以其人之道还治其人之身。"编个充分的理由，花言巧语，分文不揣地约上欠债人逛商场，见到你喜爱的东西直接开口向他借钱。他欠你多少你就借多少，最好把利息也加进去。

◎抢先法

在借钱人尚未说出来意之前，你要抢先向他借钱。对方必定颇感意外，忙于招架而无心再提借钱之事。采用此法的前提是，必须预知来人意图，并且眼疾嘴快，才能御敌于家门之外。

◎夫妻吵架法

对来人的借钱要求，你可爽快答应。而此时你的太太要如河东狮吼："家里欠债累累，哪里还有钱借人？"你则要怒不可遏地大吼："不过了！离婚！"来人定忙于劝架，焦头烂额，而不再提借钱一事。此法需夫妻二人心领神会，配合默契，假戏真做，方能收到奇效。

◎转嫁法

你可凑到借钱人的耳边神秘地说："虽说我没钱，但我知道老李有钱，这家伙攒着私房钱，肥着呢！不过你可不能说是我告诉你的。"来人必对你感激不尽，转身去找他人借钱，你则可以全身而退。

◎坚持救急不救贫

谁家都有可能有点急事急需用钱，所以当好朋友经济困难时，伸出你的援助之手他会非常感激你的，"患难见真情"说的就是这个道理。如果你的好朋友经济条件并不好，你就不要考虑借钱了，还是直接援助他一些小钱吧，这属于送钱的范围了。

我不是长舌妇：拒绝流言蜚语

有人的地方，就有矛盾；有矛盾的地方，就避不开流言。

有人说，世上最可怕的不是能杀人的利刃，而是杀人不见血的流言。一代电影明星阮玲玉，于1935年3月8日在上海新闸路沁园村的住宅里服安眠药自尽。如昙花般的阮玲玉就是受不了流言蜚语，对爱情与婚姻彻底绝望，才在舆论的巨大压力下选择了自杀，年仅25岁。

所谓流言，就是指没有事实根据的言论，散布这些东西，除了能让舌头多运动几下过过嘴瘾，对你的人生和事业没有任何帮助，还有可能伤害到别人，损害自己在朋友、同事和上司心目中的形象，损人不利己。

《战国策·秦策二》中记载了这样一个故事：有一个跟曾参同名的人杀了人，有好事之徒跑到曾参家里，对曾参的母亲说："快跑吧，你家儿子杀人了。"曾参的母亲当然不相信，说："我儿子不会杀人的。"仍旧泰然自若地织着布。过了一会儿，又一个人跑进来说："你儿子杀人了。"曾参的母亲还是不信，继续埋头织布。过了一会儿，又有一个人慌慌张张地跑过来，说："快跑快跑，你儿子杀人了！"曾参的母亲害怕了，连大门都不敢走，翻墙头逃跑了。曾参是有名的贤德之人，他的母亲对他也非常了解，知道他根本不可能杀人，可是经不住众人的一再相告，竟然相信了曾参杀人的流言。"谎言重复一千遍，就会变成真相"，这就是生活中流言的心理效应。

的确，在我们周围，总是有人喜欢传播一些谣言，而谣言就像空气中的病菌一样，很容易就扩散开来。在一个复杂而忙碌的工作组织中，流言蜚语、小道消息是少不了的。流言的内容主要涉及领导班子调整、人事变动、个人升迁等一些敏感问题。它具有传播速度快、受众范围广的特点，对人们的思想、情绪产生的影响大多是负面的、消极的，对开展工作极为不利。

瑶佳是一个颇具才能、青春靓丽的女孩，让同事们羡慕不已。因为工作认真、态度积极，公司一度考虑将她提升到管理层，但是每一次的提案最后都被搁浅了，令瑶佳十分苦恼。

瑶佳开始十分不解，自己的问题到底出在哪，为什么总是在领导层投票的时候被否定？在最近的一次领导的年终意见中，瑶佳终于明白了原因——其中一位领导人给她的建议是：避免经常与他人议论各种是非，不要传播流言蜚语，才能成为一个好的管理者。

现在，一些单位和部门都有这种现象，有些员工不在工作和学习上下工夫，而是专爱打听、传播小道消息，今天说张三提升了，明天说李四有了婚外情……一时间搞得人心惶惶。这一部分人，虽然是少数，但严重干扰了我们的视线，影响了我们的正常工作。

在背地里议论别人的是非，绝对不是所谓的"交流"或"分享"，而是个坏习惯。要想自己的事业有所发展，一定要戒掉这个坏习惯，不做流言蜚语的传播体。

李红这段时间不得不让自己每天加班到深夜才回家，加班的原因并不是公司业务忙，而纯粹是两位领导之间的明争暗斗。李红所在部门的经理在今年就要退休了，公司老总为了使该部门的领导可以及时衔接上，便从其他部门调回了一个工程师来做副经理。但对于两个领导来说，怎样领导下属成了两人争论的焦点。为了证明自己的实力，两个人分别对自己所领导的下属开始了业务加班的比赛。

两个领导的争斗对他们本身没什么大的影响，因为老经理总要退休，而新经理总是会升上来的。但天天加班使得部门的很多员工都心怀不满，大家都在各种空闲时间对两个领导大肆地加以讨论。李红在这种环境的影响之下，怨言也多了起来，她经常会与同事们对领导的各种私事与公事进行讨论，而且公然地表达了自己的不满。

但几个月后的事情让李红始料未及：她和其他几名员工被"发配"到了全公司工作最苦、最累的业务部中。他们几个人都是搞技术出身的，怎么可能会应付得了业务部里那些伶牙俐齿的小伙子与小姑娘？李红几个人对此非常不满，他们一起去找新上任的经理去论理，但对方的一个理由就将几个人打了回来："你们不是喜欢议论别人的是非吗？嘴巴厉害就到需要'嘴巴'的地方去吧！另外，这个月业绩达不到3万的就自动离职吧！"

李红他们当时就呆了，就算是老业务员也不可能一个月做到3万。他们知道，这是新经理对他们当时传播他的小道消息进行报复。李红明白，这个单位已经没有了自己的容身之所，她只好辞职重新找工作。

闲言碎语往往与职场上的人际关系有着很大的关系，一旦自己成为了流言传播中的一个小小的链条，就很可能会使自己陷入一种明争暗斗的危险之中。特别是传播关于上层领导的流言，更容易使自己陷入危险。

所以，做一个聪明的"流言终结者"，既不让流言把你打败，也不让有关别人的流言从你这里流出。这样的你，才是聪明的你。

瓜田李下闲话多：拒绝办公室暧昧

歌德曾有一句名言："哪个青年男子不善钟情，哪个妙龄女郎不善怀春？"人值青春年华，总要恋爱、觅偶，这是人之常情。可是，对职场中的人来说，办公室恋情是危险的。在办公室里谈情说爱，往往会遭遇人际危机，不仅不牢固，反而极其脆弱，后患无穷。

俗话说："兔子不吃窝边草。"可男女间的缘分就是这么防不胜防。如果一不留神被同一个战壕里工作的同事爱上了，你该怎么办？尤其是当他冒着"危险"向你表示"我爱上你了"的时候，你该如何应付呢？

薛丽华已经进入大龄女青年的行列，有一位长辈给她介绍对象，让她去相亲，她虽极不情愿，却也架不住长辈的软磨硬泡，只好去了。

到了茶楼的雅间，那位长辈和男子早已等候在此。薛丽华走进去，看到那位男子时，一下子便傻了眼，脱口叫道："王城，怎么是你？"那男子也吃惊地问："怎么会是你？也太巧了吧？"长辈见此情景，便问他们是不是早已认识。那男子说："何止是认识，我们是同一个办公室的同事。"长辈听了，大笑起来，说这是缘分，便拉薛丽华到桌前坐下。

可是，薛丽华坐下后，却一脸尴尬，不知说什么好。王城更是结结巴巴，老半天说不出一句完整的话来，看样子，比薛丽华更尴尬。

他们的尴尬，并非仅仅因为遇到的是同事，更是因为王城曾追求过薛丽华，但薛丽华拒绝了他。薛丽华是个自尊心很强的人，此时，她心里想的是：我拒绝了他的热烈追求，却跑来相亲，他一定会认为我假扮清高。

那位长辈不明就里，不停地向王城夸薛丽华的温柔贤淑，向薛丽华夸王城的稳重敦厚。但是，薛丽华心里明白，自己在办公室里的表现并不是什么温柔贤淑，而是争强好胜；而且，为了拒绝他，自己还一度刻意装得泼辣刻薄。

就这样尴尬地坐了好一会儿，两人除了客套话之外，几乎没说过其他的话。后来，有位好友打电话找薛丽华，她便趁机找了个借口，溜之大吉了。

回公司之后，薛丽华见到王城，只觉得被他发现了自己的秘密，尴尬极了，所以处处躲着他。可是王城却一改往日的行事风格，隔三差五邀请薛丽华吃饭、泡酒吧、打保龄球、桌球。有时薛丽华并不想去，但看到他那诚恳的眼神，又想想自己曾经拒绝过他，所以不好意思再次拒绝。而王城每次出差都会为她带回些别致的小礼物。这些当然逃不过外人的眼睛。

时间久了，薛丽华便发现背后有人指指点点了，私下里议论她和王城的关系不简单。

薛丽华一时间不知道该怎么办才好。

爱情虽然是很美好的事，但有的时候被一个自己不中意的人单方面喜欢和追求确实是令人困扰的。而这个时候，我们需要做的就是拒绝。"拒绝"两个字看起来是很冷漠的，人们都不喜欢被拒绝，善良的人也往往不忍心拒绝别人，尤其是拒绝一个爱你的人，这可能会让你觉得是一件很残忍的事，可是"拒绝"却常常是必要的。因为它不仅能让你免于烦扰，也能够使对方得到成长，让他从这段不现实的感情羁绊中解脱出来。

◎面对高傲自大者，直接拒绝最有利

一位道貌岸然的男士正对一位年轻貌美的女孩子进行"马路攻势"："喂，小姐，我能请你看电影吗？"

"不，谢谢你的邀请。"小姐回答道。

"喂，小姐，"那位先生穷追不舍，"你要搞明白，我可不是那种随随便便邀请女孩子看电影的男人呀！"

"你也要搞清楚，我也不是那种随随便便接受任何一位男士邀请的女孩子！"女孩子以牙还牙道，说完飘然而去。

对于这种自我感觉良好的家伙，你无论采取什么办法都是徒劳的。他就像一只挥之不去的苍蝇一样令人讨厌。对付这种人，唯一的办法是不给他任何机会。

◎请自己的男（女）朋友当掩护

外贸公司的小王对刚来公司不久的丽娜颇有好感，想方设法献殷勤。一次，小王趁办公室没人，把一套高档内衣放到丽娜桌子上。因与他只是一般关系，直接回绝怕对方难堪，丽娜略作思考便微笑着说："这套内衣真漂亮，不过这种式样的，我男朋友给我买过好几件了，留着送你女朋友吧。"

这么说，既暗示了自己已经"名花有主"，又提醒对方注意分寸。小王听了，自我解嘲地一笑："没关系！没关系！"

◎要给对方留下面子，切不能伤人自尊

别人追求你是看重你的某一方面的优秀，是对你有好感才有所暗示。拒绝对方而不留面子，不仅会破坏你们的关系，而且也会影响你们今后的交往和工作。所以绝对不能以伤人自尊的方式拒绝对方。

侮辱求爱者，是一种不讲恋爱道德的表现，不论对人对己都没有好处。有的求爱者受到嘲弄、侮辱后，恼羞成怒，进行报复；也有的因求爱者被侮辱，其他人也以此为戒，不敢再向他（她）抛出求爱的彩球，这势必要妨碍他（她）选择佳偶。

拒绝对方时应真诚、友善、婉转，使对方容易接受，任何挖苦、辱骂都是对求爱者的损害和侮辱，都是极不道德的。比较好的方法是，不论自己如何讨厌对方，一旦对方向你求爱，都要很有礼貌地先说声"谢谢"，然后再婉转地拒绝对方。

◎打入敌人内部去

当你已经非常清楚对方有另一半的时候，面对暧昧的邀请，你可以选择打入"敌人内部"的策略。想方设法和对方的另一半成为好朋友，在他

（她）向你发出暧昧的邀请，而你又不得不去的时候，设法叫上对方的另一半。相信此时，对方一定不会再和你胡来了，否则就只有吃不了兜着走的份儿了。

《杜拉拉升职记》中有这样一个场景：趁着老板娘来公司之际，杜拉拉以性骚扰的方式威胁老板，她扯开衣领，吓得老板不得不妥协并感叹道："为什么惊喜总是姗姗来迟？"

其实，在我们拒绝了暧昧的邀请以后，也该时常反思一下自己。是不是自己的某些行为让对方产生误解了？是不是自己的穿着太暴露了？是不是自己太口不择言了？在拒绝别人发出的暧昧邀请的同时，我们更应该拒绝自己主动发出暧昧的信号。

巴恩菲尔德说："爱情是魔鬼，是烈火，是天堂，是地狱，那里有欢乐，有痛苦，也有苦涩的忏悔。"所以，我们一定要把握住自己，不允许自己"滥情"，更不允许自己接受别人的"滥情"。

从此不做月光族：拒绝频繁聚会

月光族，喜欢听贝多芬《月光曲》的一族？不，是月月吃光用光一族。

月光族很好辨认，他们的衬衫领子上没有纽扣洞，上班总是西装革履，拎一只公文包并且行色匆匆；年龄20岁到30岁，风华正茂；他们进出写字楼，坐在豪华的半空中；他们站在车厢里的姿态都与众不同，人手一部iphone4或iphone5，似乎显示出一种异乎常人的优越感。

他们出门喜欢伸出右手拦出租车；他们下班喜欢三五好友相邀去酒吧小酌两杯；他们吃完饭后会抢着付钱，一副"让我来，不然我跟你绝交"的架势；他们在家从不开伙，一日三餐在外。

他们的薪水从几千元到上万元不等，可每个月总是过得紧巴巴。在每个月发工资后很嚣张地过一个星期，然后淡定地过一个星期，接着无奈地过一星期，最后在对工资的无限期待中过一星期。

这就是月光族。"富，富不过30天；穷，穷不了一个月"，是对他们最生动的写照。

月光族的口号是：挣多少花多少。

加入月光族的唯一条件：工资月光，不剩一分，只许负债，不可盈余；

月光族的成因：缺少理财锻炼，不会管理开支。

王一可是一名国内航线上的空姐，按说空姐的收入都是非常好的，基本工资再加上加班费和奖金，每月收入可观，然而她却是个典型的月光族。她经常飞得很累，还要忙着加飞，有时一些小感冒她都不请假，照样飞，为的就是能多积累点钱。可是即使奋力赚钱，她仍然总是没等下个月工资到账，就已囊中羞涩了。

王一可的爱好比较广泛，唱歌、跳舞、画画。下班后，她习惯回家吃饭、看书、上网、陪家人，也偶尔跟同事吃饭、K歌。

王一可不买昂贵的化妆品，也不买国际一线品牌的服饰。在同行里面，王一可已经够省的了。那为什么她每个月总是入不敷出呢？说到底还是面子惹的祸。

王一可有三五个铁姐们，她们唯一的爱好就是下班后打麻将。有一次，牌友们三缺一，于是她们硬拉着王一可去凑数。没想到有了第一次便有了第二次、第三次，每次牌桌上出现空缺，她们总是想到王一可。

渐渐地，一遇到同事下班约她打牌，王一可心里就五味杂陈。本来就不太会拒绝人的她也曾说过"不想去"，但在同事的软磨硬泡下，每次到最后都被迫陪打。同事们"游说"的那些话，王一可随口就能背出几句："哎呀，就是几个同事耍一会儿，不会有好大个输赢，就当是混时间"、"去嘛，你看我们三缺一，心里好受啊"……

于是，王一可每个月要被迫陪同事打七八次麻将。本来就不太会打牌的她"很受伤"，基本上每次打牌都会输掉三四百左右。

当提及同事为何选她打牌而不是其他人的时候，王一可猜测道："可能她们一是知道我不会拒绝人，几句话一说就动摇了；二是知道我牌打得不好，人又比较耿直，觉得我的钱比较好赢，随便输多少都不会吭声，也不会跟其他人乱说吧。"

但对王一可来说，下班被迫打麻将给她带来的困扰远不止输钱那么简单。本来这个月，她要参加一个征文比赛，就因为她们老是约她打牌，最后她错过了交稿时间。下班后就去打麻将，回到家都深夜12点多了，洗漱完就凌晨1点多了，想想第二天还得上班，她根本就找不到写文章的状态。

虽然被迫打牌，王一可也怕自己上瘾，所以心理压力一直比较大。每到打牌的那段时间，她晚上睡觉都梦见打麻将，弄得自己精神状态相当不好。

不懂得拒绝别人反映的是现代职场的人际关系。对于都市白领，特别是王一可这类人群而言，这是由职场人际关系心理障碍所造成的。

因为现代职场人际关系比较淡漠，这类人群对这种关系充满了恐惧，很担心如果拒绝，会被当作不随流、不合群的"另类"，因此即使不喜欢也会硬着头皮参加。不过，这种违背自己意愿的行为往往会适得其反。

人在社会上打拼，谁都不是款爷。所以，要想摆脱月光族的身份，就要尽量少参加酒会、牌局等高消费活动。一方面是为了节约开支，另一方面防止自己深陷其中，不能自拔。

我们国家有五千年的文化，而我们所接受的传统教育都是温文尔雅、谦恭礼让、乐于助人等思想，这些思想告诉我们对于他人的请求不能随意回绝。但是，我们办事也要讲究原则，不符合原则的事坚决不能办。所以我们要学会拒绝，凡事量力而行，但不能伤感情。

《红楼梦》中的林黛玉是在母亲去世后投奔外婆家的，虽然贾母十分疼爱她，她却总有寄人篱下之感，所以，进贾府后始终是"步步留心，时时在意，不肯轻易多说一句话，多行一步路，惟恐被人耻笑了他去"。其中有一个"黛玉辞饭"的故事，很能让人回味：

邢夫人苦留吃过晚饭去，黛玉笑回道："舅母爱惜赐饭，原不应辞，只是还要过去拜见二舅舅，恐领了赐去不恭，异日再领，未为不可。望舅母容谅。"邢夫人听说，笑道："这倒是了。"遂令两三个嬷嬷用方才的车好生送了姑娘过去，于是黛玉告辞。

这一番话十分得体，既表达了对邢夫人的感激和尊敬，又表现了自己懂礼节、识大体。

要拒绝别人光是说"no"是不够的，还得要有充分的理由才行，特别是那些盛情难却的邀请。现实生活中，因为没有注意拒绝方法而导致人际关系紧张、友谊疏远破碎，甚至反目成仇的事例并不少见。所以，当我们静下心来，认真思考一下这个问题，就会发现拒绝还真不是一件容易的事情。

◎见招拆招法

海瑞有一次严厉地处罚仗势侵夺民田的董其昌。一些官员来替董其昌解围，对海瑞说："圣人不做过分的事。"海瑞说："诸公岂不知海瑞非圣人耶！"就把说客顶了回去。巧妙的一句话既表达了海瑞秉公执法严办董其昌的决心，也使得说客碰上了软钉子，无言以对。

◎金蝉脱壳法

小王不善饮酒，但一次公司年会上，大家都吵嚷着让小王使劲儿喝。情急之中，小王悄悄给岳父发了条短信，让他给自己打个电话，叫自己回去。果然，就在大家要灌小王时，他的电话响了，里面传来岳父严厉的声音："小王，大半夜在外面鬼混什么？家里有事，马上回来！"小王马上装作很不情愿的样子，对大家说："对不起，各位，我岳父发怒了，我得赶回去，你们吃好喝好！"众人看小王一脸惊慌，也不好再说什么。

◎先扬后抑法

也可称作先承后转法，这是一种避免正面表述，采用间接出击的技巧。对于别人的一些想法和要求，先用肯定的语气表示赞赏，再来表达拒绝，这样不会直接伤害对方的感情和积极性，而且使对方容易接受，并为自己留下一条退路。

俄国著名钢琴家鲁宾斯坦，有一次在巴黎举行演奏会，获得巨大成功。有一位贵妇人对他说："伟大的钢琴家，我真仰慕你的天才，可是演奏会的票已经卖光了。"鲁宾斯坦手中也没有票，又不愿给举办者增添麻烦，当然不想答应她的要求，但是，他没有直接拒绝。他平静地答道："遗憾得很，我手上一张票也没有。不过，在大厅里我有一个座位，如果您高兴……"贵妇人非常兴奋地问道："那么，这个位置在哪里？"鲁宾斯坦答道："不难找，就在钢琴后面。"

◎含糊其词法

比如："今天我请客，请您务必光临？"

"今天恐怕不行，下次一定去！"

下次是什么时候没有说定，这实际就给人一个含糊其辞的概念。对方若是聪明人，就一定能听出其中的道理，也不会再强人所难了。

世界著名影星索菲亚·罗兰在她的《生活与爱情》一书中，曾记下卓别林与她最后一次见面时，送她的一句忠告："你必须学会说'不'。亲爱的索菲亚，你不会说'不'，这是个很严重的缺陷。我也很难说出口。但一旦学会说'不'，生活就变得好多了。"

所以，学会拒绝吧，它会让你的生活变得无比轻松。

不被人情套牢：拒绝保险推销

还记得你的第一份商业保险是怎么买的吗？恐怕大多数人都不是直接走进保险公司的营业厅说："我买份保险。"而是卖保险的亲友、朋友介绍的。如果你是被"人情"套牢，才咬牙买了一份可有可无的保险，它就是典型的"人情保险"。

在卖保险的人眼里，好像没有"关系熟不好下手"这一说法。拿熟人开刀，这是卖保险和搞传销的一贯作风。我们生活中很多人买的第一份保险的确都是熟人介绍的，其实有的时候真是不想买，不过亲戚朋友之间又抹不开面子，真是让人左右为难。

2012年8月初的一个下午，肖薇接到做保险推销员的远房表姐邓女士的邀请，下午去听一个关于保险的讲座。讲座听完，肖薇并没有完全弄清楚讲座所介绍的保险产品到底有什么用，只知道每年缴纳10000元保险费，缴满5年，每年可以分红，并在被保险人年满75岁后，退还所有保险金。肖薇觉得，表姐以及表姐的同事一直在跟她说这个保险多好多好，碍于情面，她就答应了买。

到了9月初，肖薇听朋友说，这个保险并不如当时保险公司讲座里所说的那么"合算"，就有些反悔，想解除保险合同。可此时，已经过了保险合同签收之后的10天犹豫期，若解除保险合同，会损失不少。

其实，我们很多人都跟肖薇一样，常常因为熟人的介绍或推销而去购买一份保单。

"人情保险"之所以让人困扰，是因为难以拒绝。如果坚持不买，会赔掉友情或亲情。更多的情况是，就算知道自己真的不需要保险，但却不知道如何拒绝才能兼顾情谊和自己的荷包。

到底该如何拒绝"人情保"？这里不妨介绍几种让保险业务员听了没辄、最招架不住的拒绝术。

◎哭穷

保险业务员最怕听到客户说："没钱！"因为就算推销再好的商品，再符合客户需求，但只要一说"没钱"，就足以让业务员打退堂鼓。毕竟保险商品每年保费动辄数千元、甚至数十万元都有，如果客户没钱买，浪费再多口舌也没有用，所以此时业务员大多会知难而退，不再苦苦纠缠。

◎拿家人当挡箭牌

保险业务员通常会说："就差你一张，我这个月业绩就达成了，支持我一下吧！"

作为消费者，如果并不愿意买这"最后一张保单"，可以这么说："我们家的支出都控制在老婆手上，我没办法决定呢。要不你先帮我制订一份保险规划吧，我回家跟老婆商量一下。"

通常刚加入保险业的业务员，因为本身对产品不熟悉，最爱发动人情攻势，也最容易出现上述情况。建议你千万不能随意投保他们热力推荐的产品。此时不妨以周边的人做挡箭牌，或直接挑明自己没有需求。

◎称自己也在卖保险

目前国内保险业务员人数众多，为了冲业绩或是怕业绩未达标准、饭碗不保，业务员及电话行销人员多会盯紧客户，一个也不放过。只要遇到接起电话的客户，或是愿意停下脚步听他们说话的，他们就会拼命想把你的钱放进他们的口袋。

当遇到这种情况时，你可以跟对方说："不好意思，我也是卖保险的。"相信对方不会再自讨没趣。不过，这一招不能乱用，否则穿帮了只会把关系搞得更糟。

曲静是一家装饰材料销售公司的客户经理，她有个跟踪了半年的大客户，近日眼看就要公关成功准备签单。这位大客户有一天突然带着自己爱人来找曲静，说自己的爱人是保险代理人，问她要不要购买保险。

曲静想都没想，脱口而出说："不好意思，我自己也在卖保险呢。"接着双方就热聊起来，对方突然掏出《保险代理从业人员资格证书》，说也想看看曲静的。但是曲静没有，只好敷衍说在家里，对方又聊了很多保险业务的事情，曲静搭不上话，对方也能听出曲静在骗他们，脸就黑了。

◎称亲戚在卖保险

与其说自己在卖保险，不如"嫁祸"给别人更靠谱。既不用掌握保险知识，也不用怕被揭穿。只要说一个推销人不认识的名字，然后称作自己的表亲，就能搞定："哎呀，你怎么不早说啊？我刚从亲戚那里买的新保单，暂时不需要了，对不起啊，明年我再从你这里买好吗？"

◎称自己患上绝症

如果实在被逼得无路可走了，你可以撒谎说自己得了癌症。

李卓就是这么对纠缠他已久的哥们说的："兄弟，你非要逼我说出来吗？上次公司体检的时候，医生说我可能患上了癌症，这事我连我家人都没说。"对方一听，只好匆匆告辞。虽然成功拒绝，李卓心里却很郁闷："连自己都咒了，可见被逼到什么份上了。"

身体有重大疾病确实会遭到保险公司拒保，然而，为了拒绝保险采用诅咒自己的方式实在不妥，所以，此招尽量少采用。

CHAPTER FOUR

不要跟陌生人说话

拒绝街头的"不好意思"

- 离"糕帅富"远点：拒绝强买强卖
- 千万不要"竹筒倒豆子"：拒绝给陌生人留电话
- 做个默默飘过的路人甲：拒绝假乞丐行乞

离"糕帅富"远点：拒绝强买强卖

2012年，网络上最火的话题无疑是"切糕"。诸如"推出一车切糕，换回一辆法拉利""人固有一死，或轻于鸿毛，或重于切糕""切糕恒久远，一斤永流传""宁愿坐在切糕车上哭，也不愿坐在宝马车里笑"之类的网友调侃层出不穷。甚至还有人即兴编了段子：

比尔·盖茨、乔布斯和买买提，一起来到天堂门口。门卫说最有钱的一位才能进去，其他的都得下地狱。盖茨说："我是世界首富！"乔布斯说："我有苹果！"买买提憨憨地说："我什么都没有，只有一车切糕。"刚说完，前面两位就立即掉头冲向地狱。

在全国很多城市的热闹地带，往往能看到几个人推着三轮车，上面有一大块用各种坚果和葡萄干、蜜枣做成的饼，这就是"新疆切糕"。很多人利用这切糕看起来分外诱人的外衣和市民强烈的好奇心，先用花言巧语让市民买一点尝尝鲜，然后仗着人多势众公然对市民进行强迫交易。

卖糕时，如果你比划要多少，或者说切一点尝尝，他就往斜里切，下刀处看起来很窄，越往下切得越大，暗地里切成个梯形。等你喊停时，他会对着你"啊啊"装听不懂，等最后装着听明白了停下后一看，最少半斤；也有手落刀快先斩后奏的。

你如果不买，瞬间不知从哪里围过来好几个大汉和你理论：这个东西切下来就没用了，一定要买走。

他们最喜欢的销售对象是单身的女孩或者情侣，年轻人都比较好面子，上当了也不便张扬，只好掏钱。

一次，小李和闺蜜去温州火车站买衣服，在车站边上看见一个外地人，留着稀疏的络腮胡，头上戴着一顶小毡帽，身边停靠着一辆小推车，推车上摆放着一块大大的切糕，花生仁、葡萄干、瓜子仁、核桃仁等五颜六色的干货点缀其中，显得非常诱人。

"来尝尝吧，免费的！"那人拦住小李，小刀上插着一小块切糕，伸到小李面前。

小李拗不过他，只好尝了一小口。味道怪怪的，但不算太难吃。"老板，这个多少钱？"小李问。

"12块。"对方操着生硬的普通话说。

"嗯，给我切一点吧，我要5块钱的。"

寒光闪过，糕点已被切下，老板迅速上秤。

"1斤六两，算你一斤半吧。180块。"

小李愣住了，微笑着对他说："开啥玩笑！我只要5块钱的呀！"

对方沉下脸说："割多少买多少！"边说边把早放在一旁的牌子翻过来，上面写着"一两12块，割多少买多少，切下来不能退"。"小妹，看清楚啦，是一两12块，我可不是跟你开玩笑的！"

小李花容失色，看着那块长方体的东西，可能就两盒牛奶那么大点，180块！金子吗？小李这会儿才觉得物非所值了！

小李小心翼翼地对老板说："我不要那么多，我说了只要5块钱的，切一点给我就行了。"

对方强硬地说："不行，说了切多少就得买。"

小李火了："哪有这种道理？我说了只要5元，有你这样卖东西的吗？我不要了！"小李打算扬长而去。

对方抓住小李的胳膊，凶神恶煞地说："站住，你敢走！"同时，其他摊位的外地人也围了上来，有的手里还拿着刀。

小李无奈，只好掏出钱，买下了这昂贵的切糕。

"抛砖引玉""请君入瓮"，这是商家最常用的促销手法。免费，目的就是吸引消费者消费。面对巧舌如簧的推销员，很多人会感到无所适从。直接拒绝会觉得伤到对方的面子，若是不加以拒绝，浪费了自己的时间不说，还有可能掉入对方的瓮中。

◎拒绝"免费试用"

"小姐，这是我们公司最新研制的高科技护肤产品，欧莱雅康雪，现在可以进店免费试用一下，排毒效果很好。"小陈和小黄在逛街时，一位男子拦住了她们，不停地介绍美容产品。随后两人被带入文昌街旁边巷内一家美容院。店员们将店内产品进行了一番介绍，将小陈和小黄侃得晕头转向。一名店员向她们表示，可以免费试用一下。小陈便率先试用了起来。

然而，正当小陈试用到一半时，刚才还和和气气的店员们变了脸，向她索要使用化妆品的钱。店员耍起无赖称用产品要交钱是天经地义的事，还问小陈有什么证据证明他们说过免费。

小陈与小黄丢下化妆品准备离开，却遭到了店员的阻拦。两个女孩很无奈。由于身上的现金只有100多元，最后，小陈不得不刷卡支付了300多元，两人才得以脱身。

要拒绝这种"免费促销"，最有效的办法就是坚定自己的立场，绝不贪图小便宜。如果害怕自己做不到这一点的话，可以让身边的朋友随时提醒自己。或者在出门的时候，只带足够用的零花钱。否则，你一旦被商家的甜言蜜语洗脑后，很容易就会情不自禁地掏钱消费，等察觉时已为时过晚了。

◎拒绝强买强卖

强买强卖最容易出现在行人不多的地方，比如桥下、胡同口等。遇到强买强卖时，首先不能在心理上被对方压倒，即便他们人多势众，也要学会给自己壮胆。有一个办法是百试不爽的，那就是大声喊叫，你的声音越大，就越能引来行人的关注。对方本身做的是非法交易，一旦你引来行人围观，对方气势就弱了，就不敢再对你来硬的了。

然而，这都是被动的保护策略。那么，具体应该怎么做，才能避免街头的强买强卖呢？

第一，火车站、公园、天桥附近不要光顾着玩，走路要多看看有无嫌疑小贩；第二，看到推销员在强行拉拢行人时，要主动绕道而行；第三，老弱妇孺尽量不要独行。

说一千道一万，保持主见永远是最重要的。永远别相信街头推销，要相信"品牌的力量"。

千万不要"竹筒倒豆子"：拒绝给陌生人留电话

中国大陆曾经有一个鞭挞家庭暴力的电视剧《不要跟陌生人说话》。同理，当你外出公干或旅行时，也不要和陌生人说话，更不要把电话号码留给陌生人。

旅途中我们常常会碰到一些陌生的"热心人"，他们会以交朋友的名义要你留下家中的电话和手机号码作为联系方式。这些不法之徒常常利用这种方式套取电话号码后给你的家人打电话，谎称你在旅途中发生意外事故正在医院抢救，让家人速汇巨款进行诈骗。

电视剧《手机》中有这样一个情节，颇值得回味：严守一的妻弟于文海赴京投奔姐夫，在火车上遇到一个能说会道之人。那人以找工作为名，三两句便要到于文海姐姐于文娟的手机号码。电话打到于文娟那里："你弟弟突然发病了，正在抢救，你赶紧把钱打到医院的卡上吧。"吓得于文娟当场心脏病发作，先进医院抢救。

现在的骗子真不少。天桥、地铁口、电线杆上，到处都贴着"办证"的字样，办证的小广告无孔不入。学生证、学位证、毕业证，无证不可办。就连身份证也难逃此劫，信用卡、银行卡也位列其中。

而我们平时的生活中，不注意保护私人信息的"马小虎"比比皆是。一些私密信息，如电话号码、银行卡号码、信用卡号码、身份证号码等私人信息的不经意透露，给骗子们提供了很多机会。

一次，杜伟奇在机场等飞机。正在百无聊赖玩手机时，对面走过来一个二十多岁的年轻人，西装革履，背一个挎包，很像商界的精英人士。那人坐了一会儿，便开始找机会跟杜伟奇攀谈起来。杜伟奇一想，闲坐着也挺无聊的，于是就接上了话茬。

两个人从爱好聊到了生活，又从生活聊到了工作。杜伟奇说自己是做钢材生意和运输业的，对方说他也是做这行的，很有可能有业务上的来往。杜伟奇心花怒放，没想到等飞机也能等来客户，于是就毫不犹豫地把自己的电话号码跟家里的座机号都留给了对方。

就在杜伟奇提前半个小时进候机厅准备登机的时候，突然一个陌生的电话打过来。杜伟奇接通电话，对方是一个很严肃的声音："你好，我是国际刑警大队的，我们正在抓捕一批毒贩，由于你的手机对我们的电脑追踪造成干扰，请你关闭手机3小时，希望你合作！"

杜伟奇一听就乐了，国际刑警大队？开什么玩笑？他想都没想就把电话挂了。

刚挂电话没两分钟，对方又打过来了。这次口气更加强硬，而且一再强调要关机3小时以上。杜伟奇当时就断定这里有文章，怀疑他们是诈骗团伙，于是他也很不客气地说："我偏不关机，你能把我怎么样？"

没想到就在杜伟奇登机半个小时后，他妻子就收到一条十分奇怪的短信："你丈夫在广东东莞因为与人斗殴被抓捕，现在需要汇3000块钱才能放人。"下面是一连串的银行账号。惊慌不已的妻子筹钱过程中突然想起报纸上揭露的骗子惯用诈骗伎俩，忙打电话给丈夫，好在杜伟奇当时已下了飞机，诈骗谎言被戳穿。可是事情好像还没完……

第二天一大早，杜伟奇就接到了好朋友胖子的信息："杜哥，钱打过去了，赶紧把事平了吧，我手上就这3000块现钱，都给你打过去了，希望能帮上你。"同时，杜伟奇的妻子也接到了妹妹的电话："姐，姐夫看着挺文弱的一个人，怎么会犯这样的糊涂事啊？我现在正在筹钱，等银行一开门我就去汇钱。"

当天，杜伟奇和妻子两个人什么都没做，一整天都在和热心帮忙的朋友们解释发生了什么事情。在意识到了问题的严重性后，杜伟奇赶紧找到发短信的那个电话号码，但是拨过去不是无人接听就是关机，发短信也不回。

杜伟奇的经历给我们警示：骗子无处不在，要保护好自己，尤其是细节。出门在外一定不要向陌生人透露私人信息，俗话说，害人之心不可有，防人之心不可无。这些陌生的"热心人"往往有着不可告人的目的。

◎不要借手机给陌生人

骗子通常都喜欢扮演弱势群体，如小孩、老人，以"借手机打电话"为由，骗取你的手机。拿到手机后，他们用一种数码产品，只要将它和手机用数据线连接，在几秒钟内就能将手机里的电话号码全部复制，一眨眼的工夫，你的手机通讯录就失窃了。

行骗成功后，骗子会在接下来的几天之内，给你的亲朋好友发信息。内容不外乎就是你出了什么事故急需用钱，要对方把钱打到某个账号上面。

破解这一招最好的办法就是拒绝乱用感情。朋友有难，理应两肋插刀。但是，在拔刀之前，还是应该先问清楚情况，免得最后反倒成了他人作案的工具。

◎电话诈骗，将计就计

你是否接到过一通莫名其妙的电话或短信，自称"银行"，以你的账户有问题为由，要求你转账到某账户？如果你真的按照电话提示转账，那么，不知不觉中，你已经走进了骗子精心布下的"圈套"。

接到此类电话，或收到此类信息后，先看看对方给你的卡号是什么银行的，然后登录该银行的网上营业厅，输入该骗子的银行卡号，密码随便填写，只要错误三次，此卡在24小时之内就不能进行任何交易了，这一招可以让骗子本人也取不出钱来。

◎网上银行，安全隐患多

网络飞速发展，在带来了信息传递的便捷之时，也带来了更多的不安定因素。比如网上银行，它虽然便捷、省钱，但在网络机制不健全的今天，它也暗藏着很多危险。

健忘一族会不小心将账号、密码或身份证号码等信息遗忘在公用电脑上。精明的骗子会采用种种手段套取客户信息，以进行诈骗。因此，利用网上银行查询金额以及进行网上购物、转账时，应尽量用自己的电脑，查询和交易完毕后记得清除电脑上的用户名和密码。

做个默默飘过的路人甲：拒绝假乞丐行乞

旧时，乞丐大街小巷到处都是，人们把乞丐叫做"花子"，北京土话也叫"打闲的"。时至今日，真正的乞丐已经非常少见，但在街头，偶尔还是能遇到一两个乞讨者。他们或身前铺一张白纸，写明自己处境如何凄惨；或用粉笔字直接写在木板上，立于闹市等人流密集之地；或身背幼儿，穿梭于马路车流之中；或身负布囊，逗留于沿街食客餐桌……

赵万华经过天桥底下的时候，一位学生模样的年轻女性闯入了他的视线。年轻女子蹲在地上，面前写着一排字："没钱吃饭，要8元钱回家"。赵万华上前给了她8元钱，欲与其交流，但她以沉默应对。

回到公司后，赵万华在闲聊时将此事告诉了经理。经理笑着说："你上当了，那些乞丐都是假的，她一天挣的比你都多呢。"

正说着，一个青年走了进来。该青年一副学生模样，赵万华以为是来办理业务的顾客，谁知他径直走到经理面前，向经理讨钱。青年说，他今年考上大学，去学校报到的途中遇到骗子，身上所有的钱都被骗走了，自己身无分文，只好到处流浪，讨几个钱，好买火车票回家。

经理让青年坐下，然后对他说："小伙子，你说的情况的确让人同情。这样好了，你把我们公司的橱窗、柜台玻璃都擦干净，我就给你80块钱路费。怎么样？"年轻人没想到经理来这一手，气愤地说："你，你这是落井下石！你没有同情心，你怎么能让我干这种事呢？"

经理语重心长地说："年轻人，天下没有免费的午餐，你有一身力气，完全可以凭劳动赚得路费，这些活不多，一个钟头就能干完。再说，我让你用这种方式来赚取路费，是维护你的尊严，你应该感谢我才是！"

"够了！不给钱就算了，说那么好听干什么！"青年人恨恨地说，转身就走了。

其实，像赵万华这样的遭遇，生活中并不少见。这些假乞丐之所以能够得逞，一方面是利用人们的同情心，另一方面则是我们的社会阅历不够丰富造成的结果。那么，这些假乞丐一般都用什么骗术骗人呢？

◎假"孕妇"

场景：她斜卧在地上，小腹微微凸起，身着宽大的孕妇装，身边铺开一张大纸，写着自己不幸的身世。路过的人无不对其深表同情，10块、20块……不一会儿孕妇手中已经攥着100来块。

骗术揭秘：其实，骗子只是将小枕头、碎布条等塞入宽大的衣服内，假扮孕妇，同时以"丧夫""丈夫病重""丈夫因故致残"等借口进行乞讨，骗得路人的同情。

◎假"学生"

场景：她扎着马尾辫，穿着一套学生服，跪在地上低着脑袋，眼睛盯着身前的告示：父亲上山采药不幸摔死，母亲因受不了刺激也疯了，考上大学，却因为要支付母亲的医药费无力继续读书……旁边还放着某大学的录取通知书。

骗术揭秘：这些人大多自称考上大学后家中突生变故，无法继续学业，他们面前放的录取通知书，多半是伪造的。

◎假"残疾"

场景：在热闹的菜场门口，一个下肢残疾的中年男人手里拿着铁盆匍匐着艰难地向前移动，身后还拖着一只空空的裤腿，令人顿生怜悯。

骗术揭秘：当夜色降临时，这个"残疾人"就会自己把绑在身上的绳索解下来，原来他是个四肢健全的人。这些人通常会把自己的腿蜷起来，用橡皮筋捆绑好，然后再穿上宽大的裤子，手拄一根拐杖，扮成残疾人沿街乞讨。

◎假"寻亲无着"

场景：地铁出口处有一个老妇人，她向路过的年轻女孩诉说着：自己是来上海寻亲的，因为遗失了联系地址和电话，无法找到他们，现在肚子饿了，希望能给些钱买点东西吃。

骗术揭秘：这一部分人大多为老妇人或怀抱婴儿的中年妇女，以"寻亲无着，身无分文"为幌子，向路人乞讨。

每个人都有一副热心肠，当看到他人有难时，我们往往会伸出援助之手。然而，正是因为我们的善心才导致一次次地遭受欺骗。抵制假乞丐的行乞，并不是要我们变得冷漠，不近人情，而是让我们练就一双慧眼，看清这个世界的真假黑白。

北京西单有一位因磕头而致富的"磕头王"，该男子带着两个儿子和老母纵横西单多年，收获颇多。家里四辆私家车几套北京房产，老母浑身金银首饰，儿子全身国际名牌。给这样的人"献爱心"，回头想想是不是有点滑稽呢？

CHAPTER FIVE

左边不要脸，右边厚脸皮

没什么"不好意思"

- 脸皮厚，吃不够；脸皮薄，吃不着
- 人在屋檐下，一定要低头
- 在你没有成就以前，切勿过分强调自尊
- 脸都不要了，还怕什么
- 爷爷都是从孙子走过来的
- 世界如此复杂，你要学会装傻
- 我是流氓我怕谁
- 求人办事遇冷遇，切勿拂袖而去
- 忍无可忍，就重新再忍
- 自己少爱点面子，给别人多点面子

脸皮厚，吃不够；脸皮薄，吃不着

某一家销售公司贴出了这样一张招聘启事：

因扩大业务需要，本公司急招厚脸皮人才：男女不限，年龄不限，文化不限。重脸皮而不重文凭，但脸皮一定要厚到一定的程度，如：当街撒尿不脸红，男人戴乳罩满街跑，女人剃光头逛商场。

应聘的厚脸皮人才必须熟读《厚黑学》，要烂熟于心，善于运用。能达到死皮赖脸、软缠硬磨、打滚耍泼、口是心非、笑里藏刀、颠倒黑白的境界，把讥讽当耳边风，把挖苦当欢声笑语，把奚落当歌听。

撒谎要达到敢咒爹娘、骂天爷、发毒誓的程度。

奉承要有察言观色、溜须拍马之功，能大拍、小拍、前拍、后拍、左拍、右拍、明拍、暗拍、长期拍、应急拍。

吹牛要有气吞山河的气概，达到无人不信、无人不往、无人不呼的目的。

我公司对招聘的厚脸皮人才，工资上不封顶，下不保底，根据厚脸人才所创造的厚脸业绩给予相应的待遇，也就是：脸皮越厚，所得到的票子也越厚！

这可真是一篇千古檄文，将所谓的仁义道德一把撕了个干干净净，把"厚黑"发挥得淋漓尽致，达到了"厚而无形，黑而无色""无声无嗅，无形无色"之境界。

我国有句俗话："脸皮薄，吃不着；脸皮厚，吃个够。"这话糙，但理不糙。

无论是在生活还是工作中，谁都有遭人奚落的时候，都有遭受挫折的时候。脸皮厚的人能从容应对，以一种"留得青山在，不怕没柴烧"的心态，来面对生活中的种种障碍。

从历史上来看，大凡成功者都是脸皮厚的人，其中最为著名的莫过于"斩白蛇起义"的汉高祖刘邦。李宗吾先生在《厚黑学》中说："刘邦天资既高，学历又深，把流俗所传君臣、父子、兄弟、夫妇、朋友五伦，一一打破，又把礼义廉耻，扫除净尽，所以能够平荡群雄，统一海内，一直经过了四百几十年，他那厚黑的余气，方才消失，汉家的系统，于是乎才断绝了。"

无论刘邦的厚脸皮怎么被后人诟病，但不得不说的是，他每次无赖之后，都能得到实实在在的好处。

少年时期的刘邦不学无术，贪杯好色，整日呼朋唤友，游手好闲，到处赊酒蹭吃，其嫂子忍无可忍后破口大骂，刘邦却当成耳边风。无奈之下，嫂子想了一招，看到刘邦走进自家大门，便用饭勺猛刮锅底，弄得震天响。刘邦以为错过了吃饭时间，失望地打算离开，可是转到厨房一看，灶上热气腾腾，才知嫂子使诈，转身长叹，从此才不再来。

到了而立之年，刘邦才谋到了一个差事，到离家百里的泗水当亭长。一次，县令的好友吕公请客，规定："进不满千钱，坐之堂下。"身无分文的刘邦却大摇大摆地去赴宴，口出狂言"贺钱万"。进去之后，又用污言秽语轰走了其他客人，自己堂而皇之地坐了上座。刘邦此次的表演，放到现代社会，就是一个彻头彻尾的流氓无赖，但他最终还是得到了好处——吕公将自己的女儿吕雉嫁给了刘邦。

楚汉之争时，刘邦的老爹被项羽抓去逼刘邦投降，说如果你不投降，就把你老爹煮了。刘邦听后却笑道："我俩结义兄弟，我父即你父，如若烹煮而食，请分我一杯羹。"项羽为性情中人，见此招不灵，只得罢了，之后还放归了刘父。

当了皇帝之后，刘邦仍不改无赖之习性。有一次，一个大臣去见他。可这时刘邦正搂着一个女子戏耍，玩得高兴，全然不顾大臣在场。大臣气得掉头便走。刘邦放下女子便去追，追上大臣后，他将大臣按在地上，骑在大臣的脖子上，问：你看我如何？大臣说：我看你就是桀纣一类的暴君。刘邦大怒，竟拿起大臣的帽子往里面撒尿！

面子重要？还是实实在在的利益重要？刘邦告诉我们，该耍无赖时还得耍无赖，该不要脸时还得不要脸！

俗话说："没心没肺，活着不累。"此话含义有二：一是傻里傻气、糊里糊涂地活着，就不会太累；二是不过分地在乎颜面，善做凡人，才能活得长久。

人要快乐长寿，脸皮就应该厚一点。就是做了坏事，犯了错误，也不要自己跟自己过不去。在人生路上，谁也难免光做好事不做坏事，就看能否接受教训，由坏人变成好人了。"人要脸，树要皮"，本来这是做人的美德，但不能过分地要脸面，否则有时也会害了自己。人不要脸，就是不要对健康有害的脸面。

有高人曾总结了成功的三要素：一、坚持；二、不要脸；三、坚持不要脸。此话虽然言过其实，却有可取之处。

人在屋檐下，一定要低头

老百姓有句俗语："人在屋檐下，不得不低头。"意思是说，人在权势和机会不如别人的时候，不得不低头退让。

从理论上来讲，人与人之间的关系是平等的。不过，在具体的交际中，由于双方的目的不同，会使交际者之间出现暂时的尊卑差别。求方为卑，助方为尊。"求人矮三分"，说的就是这个道理。

在有求于人或寄人篱下的时候，我们就要学学古钱币——外圆内方："边缘"要圆活，"内心"要守得住。既不能丢掉自己的目标和原则，又要在强敌压境的情况下圆滑以对，借此取得休养生息的时间，以图将来东山再起。

有人问苏格拉底："您是天下最有学问的人，那么您说天与地之间的高度是多少？"苏格拉底毫不迟疑地说："三尺！"那人不以为然："我们每个人都有五尺高，天与地之间只有三尺，那不是要戳破苍穹吗？"苏格拉底笑着说："所以，凡是高度超过三尺的人，要立于天地之间，就要懂得低头。"

虽然"人在屋檐下，不得不低头"这句话洞明世事人情，可是却有加以修正的必要。因为"不得不"这三字里面充满了无奈、勉强、不情愿，这种"低头"太痛苦、太被动，因此这句话应改为"人在屋檐下，一定要低头"！

所谓的"屋檐"，说明白些，就是别人的势力范围。换句话说，只要你在这势力范围之内，并且靠这个势力生存，那么你就在别人的屋檐下了。这屋檐有的很高，任何人都可抬头站着，但这种屋檐不多，以人类容易排斥

"非我族群"的天性来看，大部分的屋檐都是非常低的！

"一定要低头"意味着不必等旁人来提醒，更不用等撞到屋檐感觉到疼了才低头。这是一种对客观环境的理性认知，没有丝毫勉强，所以根本不要难为情或不好意思。与生存相比，脸面又值多少钱？

被称为"美国之父"的富兰克林，一生功绩卓绝，这与他的一次拜访不无关系。

一次，富兰克林到一位前辈家拜访，一进门，头就狠狠地撞在了门框上，他一边用手揉搓，一边打量着格外低矮的门。

出来迎接的前辈看到他这副样子，说："很痛吧？可是，这将是你今天来访问我的最大收获。一个人要想平安地活在世上，就必须时时刻刻记住'低头'，不要忘记了。"

富兰克林牢牢记住了前辈的教导，并把它当做一条重要的行为准则。

能屈能伸，是做人的必备品质，做人如果过于死板和僵化，那成功将永远远离你。

有这样一幅外国漫画，题目叫《陷阱》。其实画中没有井，而是人们乘坐在火车上，前面不远处的路边有个很大的招牌，上面画着一个逼真的裸体女子，有的人在车厢里看觉得不过瘾，便把头伸出车窗。这些好色之徒全然不知一场灾难将要面临。因为招牌不远处就是隧道，那隧道刚刚能容纳火车通过，疾驶而去的火车把那些好色之徒伸出车窗的脑袋永远留在了招牌旁。

这只不过是一幅漫画而已，就无须考究它的真实性了，但它告诉我们一个简单的道理：假设"色欲"能收敛一点，只在车厢里看，或者发现前面有人遇难了，赶紧把头低下，缩回来，就可以幸免了。

古语说："尺蠖之曲，以求伸也；龙蛇之蛰，以求存也。""低头"的目的是为了积蓄自己的能量，好走更长远的路，更是为了把不利的环境转化成对你有利的力量，这是处世的一种柔软，一种权变，更是人性丛林中的一种生存智慧。

当然，头低得太久了，脖子肯定会发酸，但揉一揉，忍一忍也就过去了。

在你没有成就以前，切勿过分强调自尊

2012年，美国权威财经杂志《福布斯》公布了"全球亿万富豪榜"，共有1226名富豪登上榜单。根据《福布斯》的统计，白手起家的创业者和继承家族财富的"富二代"恰好各占一半。

至于要如何成为富豪，学术界已经归纳出五大秘诀，除了发扬创意、眼光独到等外，"脸皮要特别厚"居然是第一要素！

专家调查发现，富豪的行为模式异于常人，常做出违反社会常规、让人恨得牙痒痒的事。美国最大零售商沃尔玛的创办人山姆·奥尔顿经常扰乱市场价格。一旦逮到机会，他便跟供应商杀价。山姆·奥尔顿说过，如果你想当好好先生，最好打消富豪梦。

中国是一个有五千年文明历史的古国，传统的儒家思想教育我们：志士不饮盗泉之水，廉者不受嗟来之食。这种强烈的自尊自强意识着实可嘉，但在新时代新形势下，仍然抱此观念不放，守着一张脸皮不放，就称得上是千古愚人。

看看下面的这个笑话：

在一个招聘会上，许多年轻人都在争夺着一个职位，奇怪的是，这家公司并没有告诉应聘者这是一份什么工作。

一个西装革履的人不无得意地说："我是双硕士。"

接着另一个声音响起了："我博士后。"说话的是个中年人，神情十分傲慢。

还有个小伙说："我90后。"

这时，一个年轻人把手举得高高的，大声说："我脸皮厚。"

最后，这个年轻人得到了这份工作，原来这家公司只是在招聘推销员。

厚脸皮的人能比别人早一步抓到好机会，也能比别人抓到更多的机会，因为他没有身段的顾虑。

美国经济大萧条时期，有成千上万的大学毕业生找不到工作。杰森虽是斯坦福大学经济管理专业的高才生，但也一样沦落到没毕业先失业的困境。为了解决温饱问题，杰森决定去一家小出租车公司应聘，这家公司正在招聘出租车司机。他邀请同学一起去应聘，但却遭到了大家的嘲笑："嘿，哥们，我们可是斯坦福大学的毕业生，怎能去做那种工作？太丢面子了！"然后，杰森一个人去当出租车司机，其他大多数同学依旧在寻觅着有"面子"的工作。

杰森因为熟谙经营管理之道，将生意打理得异常之好。没过多久，出租车公司经理看中他的经营才能，把他调到身边做了助理。若干年后，经理岁数大了准备退休，但他的子女没有一个愿意经营这个只有十几辆车的小公司，经理便以极低的价格把公司转让给了杰森。

有了自己的公司，杰森能够全力地运用自己的经营才能。几年之后，这家小公司已经拓展成拥有一千多辆各类汽车、两家子公司，资产上亿美元的大型企业，而他的那些同班同学大多数还只是朝九晚五的普通白领。

杰森在谈起自己的成功经历时说："我们这一代人，大多数在找工作时考虑的并不是这个行业有没有发展前途，会不会给自己带来新的机会，而是考虑眼前做这个工作是不是很丢人。虽然有些工作在表面上看来很低贱，但对于一个急需维持生计的人来说，任何工作都是可以尝试的。只要你去努力了，并坚持下去，生活就永远会充满希望，机会的大门才有可能为你打开。"

这个例子告诉我们，那些死要面子、耻于从底层做起的人，最终也会失去发展的机会。面子换不来面包，要想成功不妨学一下"厚黑"之道。

比尔·盖茨在一次应邀参加的毕业典礼上，面对即将走出校门踏入社会的青年一代，说了这样一句话："这个世界不会在意你的自尊，人们看到的只是你的成就。在你没有成就以前，切勿过分强调自尊。"

有一个富婆带着自己的狗走在街上。经过天桥时看见一个乞丐，她便想去奚落一下他。她走过去说："你对我的狗叫一声'爸'，我就给你100块。"乞丐说："要是我叫10声呢？"富婆不耐烦地说："笨蛋，那不就是1000块喽！"

于是，乞丐就对着富婆的狗叫："爸，爸，爸，爸，爸，爸，爸，爸，爸，爸。"周围的人都来观看，那位富婆从手袋里拿出1000块给他，这时乞丐对着富婆说："谢谢，妈！"

在没有得到利益之前，千万别去过分强调自尊；但在得到利益之后，就可以把丢失的脸面要回来了。这名乞丐可谓将"厚黑"发挥到了极致。

自尊是什么？说到底，它什么都不是。但是，这并不意味着它不需要保护，因为它很薄，很容易就会被刺破。这就需要培养一种坦然的心态，要能够拿得起，还能够放得下。厚脸皮是维护自尊的一种有效方式，就等于在你心里的某个角落为你的自尊建一座小房子，将它与伤害隔离开来。等到你成功时，再打开房门，让它出来。

脸都不要了，还怕什么

"脸都不要了，还怕什么？"只有拿出这个气魄做人做事，最终才可能事业有成，成为人上之人。

近代著名学者、"厚黑教主"李宗吾先生宣扬脸皮要厚如城墙，心要黑如煤炭，这样才能成为"英雄豪杰"。他列举了曹操、刘备、孙权、司马懿、项羽、刘邦等人物为例，试图证实各人脸皮之厚薄与心之黑白是如何影响他们的成败的。

他在《厚黑学》中写道：

我自读书识字以来，就想成为英雄豪杰，求之四书五经，茫无所得；求之诸子百家，与夫廿四史，仍无所得，以为古之为英雄豪杰者，必有不传之秘，不过吾人生性愚鲁，寻他不出罢了。穷索冥搜，忘寝废食，如是者有年，一日偶然想起三国，想起三国时几个人物，不觉恍然大悟曰：得之矣，得之矣，古之为英雄豪杰者，不过面厚心黑而已。

刘备的特长，全在于脸皮厚：他依曹操，依吕布，依刘表，依孙权，依袁绍，东窜西走，寄人篱下，恬不为耻，而且生平善哭，做三国演义的人，更把他写得惟妙惟肖，遇到不能解决的事情，对人痛哭一场，立即转败为功。所以俗语有云：刘备的江山，是哭出来的。

李宗吾先生可谓一语惊天下，"古之为英雄豪杰者，不过面厚心黑而己",这句话道尽了为人处世的技巧与精华。

我们常说"面子乃身外之物",不过在现实生活中,还是有不计其数的人将面子看得比任何东西都要重要。

有个公司的老板特别爱面子,由于经营不善,公司破产了。重创之下,这个老板爬上了医院大楼的楼顶,这下引来了许多人,亲属、民警、路人站了里三层外三层,连媒体记者都来了。

老板一见这阵势倒觉得挺得意的,没想到自己寻个死也能引来这么多人围观,他感觉倍有面子。往下一看,嗬,楼还挺高!双脚不禁打起哆嗦来。可这么多人看着,就这么下来了,那也太没面子了。几个民警不停地对他喊话,做心理工作,还想上前将他强行抱下来,死要面子的老板却作势要往下跳,民警们只好作罢,就这样僵持了三个多小时。

正无计可施的时候,医院里的一个工作人员说他有主意让老板自己下来,民警们也正无计可施,便决定让他试一试。只见他慢慢走过来,老板忙说:"你不要劝我了,我今天非跳不可。"这位工作人员笑了笑说:"先生,我不是来劝您的,只是我刚才去了解了一下,这医院最近死的人挺多,太平间的床位都满了,不提前预订一个床位,您的遗体就只能躺走廊了,您看……"老板一听,赶紧从楼顶走下来了,还一边抱怨:"这什么破医院,连个床位都没有,这事你搞定……"

为了找回这些无关紧要的面子,到头来受罪的还是自己,真是一笔不划算的买卖。所以,与其因为挽回这身外之物而失去更多重要的东西,还不如让自己学会忍耐,也许会获得更美好的东西。

宋朝有个大臣叫丁谓,非常善于拍马屁。当时的皇帝宋真宗信奉道教,丁谓就大建道观,献上奇珍异品,极尽献媚讨好之能事。真宗皇帝大喜,升他为副宰相。

有一次,宰相寇准与丁谓一起在朝房用饭,寇准不慎,胡子上粘了一些饭粒。丁谓见了,忙上前亲自为寇准溜须拂拭,并把寇准的胡须大大赞颂了一番,寇准忍不住笑了:"难道天下还有溜须的宰相吗?"丁谓从此得一个

"雅号"：溜须宰相。

无独有偶，南宋宁宗时，宰相韩胄在都城临安吴山修建了一座别墅，取名"南园"。其中竹篱茅舍，小桥流水，一派田园景象。一日韩宰相游其间，感到美中不足："竹篱笆，茅草房，真有农家田院的味道，只可惜，少了一点鸡鸣狗叫声。"

没想到，不一会儿，就从树丛里传出狗叫声。原来是一个叫赵从善的随从在学狗叫。韩胄哈哈大笑，一高兴封了他一个工部侍郎，当时人称"狗叫侍郎"。赵从善为了讨韩宰相的欢心，竟然模仿鸡鸣狗叫声！虽然扭捏作态的阿谀之样让人作呕，但对他本人的仕途而言，却有百利而无一害。

唐代有个叫王播的人，早年死了父亲，家境清寒，曾经住在扬州的一所寺庙里读书，到了饭点就跟着僧人吃免费的斋饭。住得久了，和尚讨厌这个蹭饭的，故意将开饭敲钟改为饭后才敲。王播听到钟声赶去吃饭，人家却早吃过了。在这样的情况下他也没有负气出走，而是继续苦读、蹭饭。

二十年后，王播做了高官，旧地重游，前呼后拥，看到自己以前住在庙里时写在壁上的字都被覆上碧纱精心保护起来，感慨万千，于是在墙上题诗："上堂已了各西东，惭愧阇黎饭后钟。二十年来尘扑面，如今始得碧纱笼。"

可见，大凡有智谋者，脸皮必厚，因为他自知玄机，对事情发展的良好结局充满自信，他们可以忍受一切，包括最没"面子"的处境。

厚脸皮，能使我们挖掘自身的潜力，不会"一朝被蛇咬，十年怕井绳"，从此失去奋斗的勇气，反会激发无穷的创造精神和奋斗意志，把自己的能量发挥到极限。

爷爷都是从孙子走过来的

在汉语的语境里，孙子有很多种含义。可以是孙辈，比如外孙、外孙女，也可以是骂人的话，比如说"这孙子"——褒贬不一，全看用在什么时候。

老北京人常把"装孙子"挂在嘴上，其意思是说某人在别人面前低三下四、忍气吞声，奴颜婢膝。这种说法一直在北京流传，也许是因为北京独特的历史，北京自元朝起一直就是中国的政治中心，高级的官员尤其多，所以地方小官到了北京就只能"装孙子"。

"装孙子"装得堪称表率的，非和珅莫属。一部《宰相刘罗锅》，让全国人都领略了和大人的"孙子"风采。能趴在地上与一条巴儿狗一起爬来爬去，博皇上主子一笑，这水平一般人绝对做不到。

在现代生活中，许多人对"装孙子"这个词的理解比较负面，也比较蔑视那种擅长"装孙子"的人。其实不然，"装孙子"绝不是单纯的唯唯诺诺或是低三下四，也不是唯命是从或毫无个性，"装孙子"是高情商的人的高明手段。古往今来，从东方到西方，有许多利用厚脸皮获得成功的事例。他们之所以能够成功，就是因为他们练就了刺不进、扎不透的厚脸皮，练就了一身"装孙子"的本领。

战国时代，吴越交战，越兵大败，越国大夫文种建议越王勾践说："现在情势危急，我们只有马上请求吴国讲和。"

勾践说："万一吴国不肯讲和，怎么办呢？"

文种说："吴国的太宰伯嚭，贪财好色，嫉贤妒能，却得到夫差的宠信。相国伍子胥功高自负，二人一向不合，常有矛盾。我们如果能讨太宰欢心，向他求和，太宰跟吴王一说，事情就能办成。这时即使伍子胥阻挠，吴王也不见得会采纳。他们君臣不同心，对我们更加有利。"于是勾践派文种以美女八人、白璧二十双、黄金千斤前往吴国贿赂伯嚭。

吴王夫差果然被伯嚭说动，答应与越王讲和，条件是要勾践和他的妻子一块儿到吴国，当夫差的仆人。于是，勾践装了一车的宝物，挑选了三百多个美女，满怀悲愤地前往吴国。

临行前，文种安慰勾践："以前汤被关在夏台，文王被关在羑里，后来都成就了王业；齐桓公曾逃亡莒国，晋文公曾逃往翟国，以后也都成就了霸业。一个人不怕吃苦，怕的是没有志向。你暂且忍耐。"

勾践到了吴国，光着上身，跪在台阶上觐见夫差，他的妻子跪在后面。勾践向吴王讨饶说："臣子勾践，不自量力，得罪大王，罪该万死，谢谢您肯赦免我，使我有机会当您的奴隶，我心中十分感激。"

吴国的老臣伍子胥，知道不能留勾践，否则一定有后患，但是夫差不听，他让勾践夫妇住在破烂石屋里头，专门去做养马的贱事。

从此，勾践换上马夫的衣服，一天到晚锄草、养马。勾践的妻子也整天蓬头垢面，做打水、除粪、扫地、清理垃圾等工作，二人饿得只剩下皮包骨头，但却从没有一句埋怨的话。夫差骑马出门的时候，勾践拉过马，恭恭敬敬地献上缰绳，他甚至诚心诚意地帮夫差牵着马穿过市井，这一切，让有意刁难他的夫差无可奈何。

有一次夫差患病，其间要大便，勾践赶忙把便桶拿到床前，帮夫差擦身，随后又把便桶提到外面，在众目睽睽之下，跪在地上亲尝粪便。他回到寝宫，用无比喜悦的语调对夫差说："病人的粪便如果不臭，性命就有危险，如果是臭的，就表示正常。大王的粪便是臭的，一定会很快痊愈的。"勾践的这一举动使夫差非常感动，他说："一个人至重的是生命，最苦的是疾病。勾践为了寡人的病，不惜亲尝粪便，勾践真是一个仁至义尽的人啊。寡人却把他当囚犯对待，实在惭愧得很。"于是就提前把勾践释放回国。

回国后的勾践，再也不是以前那个甘居人下的勾践了，他发誓要报仇雪恨，几年来的忍辱负重就是为了这一天。为了激励自己，他晚上睡在柴草上，还在屋顶上吊了一个苦胆，无论是站着、坐着，还是吃饭，都要先尝尝苦胆的苦味，以警示自己，这就是"卧薪尝胆"的由来。

公元前482年，吴王夫差率领吴军北上争夺霸权，在黄池大会诸侯，争当盟主。勾践抓住这个有利时机，向吴国发动突然袭击，包围姑苏，焚烧了姑苏台。夫差得知消息，狼狈回军救援。在姑苏城外，越军大败吴军。夫差向勾践求和，勾践说："20年前，苍天把越国赐予你，你不接受。现在它又把吴国赐予越国，我不敢拒绝。"夫差求和无望，被迫自杀。吴国就此灭亡了。

由此可知，勾践的"装孙子"不是白装的。他遇强则避，看上去是一个软柿子，任别人捏来捏去；一旦他具备了实力后，马上东山再起，杀对方一个措手不及，华丽地完成从"孙子"到"爷爷"的乾坤大挪移，其手段之高明令人不得不叹服。

世界如此复杂，你要学会装傻

有一个小男孩，笨头笨脑的，大家都叫他傻子。每当有人拿一张五元和一张十元的钱给他，他总是去拿五元的。此事渐渐传开了，很多人都用这种方法试他，嘲笑他。小男孩每次都是面带微笑地拿起五元，转身就走。

一个智者听说此事，便亲自来试，发现果然如此。智者哈哈大笑，拍着小孩的肩膀说："真是聪明的小孩！"男孩也笑了。

诚如智者所言，小孩的这种"傻"不是真傻，而是大智慧，是高超的处世技巧。

古人说："水至清则无鱼。"世上有些事情必须是非确凿，泾渭分明，而有些事情却不必过分认真，甚至还须装点傻。

只要懂得生存之道的人，就明白什么是"真傻"，什么是"装傻"。

这个世界上真傻的人并不多，真傻者，不懂钩心斗角，分不出眉高眼低，不会察言观色，不会见风使舵，不会八面玲珑，不会欲擒故纵；真傻是无话可说，因为想说也没得说，说了也是十句有八句错，多数时候也没有人听他们说，所以不如不说。

装傻即大彻大悟型，他们虽上知天文，下知地理，知彼知己，事事预料如神，可就是宁可烂在肚里也不说，总摆出一副什么都不知道、什么都不清楚的样子。他们不管处在什么样的环境中都能够左右逢源，活得很是舒坦，活得逍遥自在，活得游刃有余。

《老子·供德》章说："大巧若拙，大辩若讷。"意思是最聪明的人，虽然有才华学识，但平时像个呆子，不自作聪明；虽然能言善辩，但好像不会讲话一样。这说明，一个人要学会自我保护，学会装傻。

一个人装聪明不容易，装傻则更难，而一辈子装傻更是难上加难。

历史上制造安史之乱的安禄山就是一个"装傻充愣"的典范。安禄山在发动兵变之前，用了整整十年时间施行"假阳行阴"的计策。安禄山的"假阳"就是故意装出痴直、笃忠的样子，赢得唐玄宗百般信任，对他毫不防备。

安禄山是混血胡人，父亲是康姓粟特族人，母亲是突厥族人，因母亲改嫁安姓突厥人，改姓安。此人好妒忌、残忍，且多智谋，擅长揣度人的心思。早年因偷羊，幽州节度使张守珪要处死他，安禄山说："你不是想消灭契丹人吗？奈何打杀壮士？"张守珪见安禄山膀大腰圆，还有几分胆识，于是便改变主意，将他收在了麾下。一只脚已经踏进鬼门关的安禄山，就这样捡回了一条命，并且阴差阳错地走上了发迹之路。

公元736年，安禄山因骁勇善战升任平卢讨击使、左骁卫将军，入朝时玄宗常常接见他，并对他特别优待。有一次，他上奏说："去年营州一带昆虫大嚼庄稼，臣焚香祝天：我如果操行不正，事君不忠，愿使虫食臣心；否则请赶快把虫驱散。下臣祝告完毕，当即有大批大批的鸟儿从北下来，昆虫无不毙命。这件事说明只要为臣效忠，老天必然保佑。应该把这事写进史书啊。"

多么荒唐可笑的话，玄宗竟信以为真，并更加认定他憨直诚笃。安禄山是东北少数民族，他常对玄宗说："臣生长番戎，仰蒙皇恩，得极宠荣，自愧愚蠢，不足胜任，只有士为国家死，聊报皇恩。"玄宗听了，十分高兴。

安禄山吃得越来越胖，腹垂至膝下，走路时还要左右仆人扶持才能迈动步子，但见到皇上时，他就成了手舞足蹈的小丑。唐玄宗曾开玩笑地问他："你这个胡人，肚子里有什么东西，大到如此程度。"安禄山巧妙地回答："只有一颗对陛下的忠心！"安禄山厚脸皮的功夫真是到家了，唐玄宗大喜之下，便将女儿许配与安禄山长子安庆宗。

有一次，安禄山上殿觐见玄宗，当时太子也在场，可安禄山却视若无睹，只拜皇帝，不拜太子。旁人提醒他，他却一脸无辜地说："臣是胡人，不懂朝中礼仪，不知太子是何官？"玄宗笑着向他解释："这是储君，朕千秋万岁后，将代朕君临天下。"安禄山似懂非懂地说："臣愚钝，向来唯知有陛下一人，不知还有储君。"说完才不情不愿地向太子行礼。

其实，谁都看得出来，安禄山这是在演戏。但是这出戏却没人愿意拆穿。安禄山装傻充愣，目的就是要拐着弯儿向玄宗表达赤胆忠心。而对于玄宗来说，安禄山竟然为了讨好他而不惜得罪未来的主子，这份忠心实在无人可及，所以也不会怪罪。

公元751年，为了方便安禄山入朝觐见，玄宗就下令在亲仁坊为他修建一座宅邸，并下令只求富丽堂皇，不必顾惜财力。豪宅落成后，里面的所有家具器物皆为皇家用品，甚至连锅碗瓢盆、筛子箩筐等物，都用金银打造。

玄宗当时正宠着杨贵妃一家子，如今又宠了安禄山，于是干脆把他们撮合到一块，叫杨贵妃的两个哥哥和三个姐姐都跟安禄山结拜。从此，安禄山更加频繁地出入宫禁，与杨贵妃的关系也日渐亲密。不久，他又向玄宗提出了一个请求——认杨贵妃为干妈。

45岁的安禄山认28岁的杨贵妃为母，真是肉麻到了极点，没想到玄宗居然同意了。之后，安禄山每次入宫，都是先拜贵妃，再拜皇帝。玄宗不解，问他何故，安禄山恭恭敬敬地说："我们胡人的习俗，都是先拜母亲，后拜父亲。"玄宗释然，对安禄山的憨厚和朴实添了几分好感。

许多人都察觉了安禄山的叛乱阴谋，一再向玄宗提出。但唐玄宗被安禄山"卖傻装憨"所迷惑，将那些奏章看作是对安禄山的妒忌，对安禄山不仅不防，反而予以同情和怜惜，不断施以恩宠，让他任平卢节度使兼范阳节度使等要职。

安禄山并不是一个真正有雄才大略的英雄，他后来的失败就证明了这一点。然而，就是这样一个目光短浅的无赖之徒，竟然把大唐皇帝打得溃退千里，也足见"卖傻装憨"的效力了。

我是流氓我怕谁

"脱下××，我就是流氓！"这是时下很流行的一种句式。医生说：脱了白大褂我就是流氓！教师说：出了校门我就是流氓！警察说：脱下警服我就是流氓……似乎放眼望去，神州大地全是流氓。

那么，什么样的人才属于真正的流氓呢？"流氓"一词究竟起源于什么时候？

《说文解字》上说："氓，民也，从民，亡声。"氓，本义是百姓，在周朝指野民，即居住在鄙野地区从事农业生产的奴隶。自从它变成双音词后，就成了"流氓"，意思也跟着变了。

"流氓"一词在《现代汉语词典》中有两个解释：一、原指无业游民，后来指不务正业、为非作歹的人；二、指调戏妇女等恶劣行为。不管从哪个解释上说，它都代表了不被普通人接受的一类人或一种行为。

鲁迅在《流氓与文学》中说，流氓的形成，大约因两种人：一种是孔子之徒，就是儒；一种是墨子之徒，就是侠。这两种东西本来很好，可是后来他们的思想一堕落，就慢慢地演变成了流氓。

流氓按其种类可分为政治流氓、文化流氓、商业流氓、科学流氓等，按其造诣深浅又可分为大流氓和小流氓。

小流氓即是痞子，吃饭不给钱，喝酒不给钱，买东西不给钱等等。他们喜欢拿黑道白道说事儿，口头禅是"我是道上的人"，生怕有人误以为他们是好人，恨不能把"我是流氓"刻在脑门上、刺在脸蛋上。小流氓常常是孤家寡人，显得寒碜，属于"大罪不犯，小罪不断，枪毙不够条件"的那种。这种小流氓，只能欺负底层的人，真碰上厉害的人物如大流氓，他是不敢惹的。

小流氓有个鼻祖：《水浒传》中的牛二，因欺负错了人，被杨志一刀切下了脑袋。这也正反映了小流氓道行的浅薄，不仅智商低，对人的认识也太浅。

大流氓就不同了，他们西装革履，戴金边眼镜，谈吐儒雅，往往把自己打扮成企业家、政治家甚至是外表斯文的艺术家或者科学家之类。大流氓有很独特的人格魅力，也有很强大的号召力，代表人物有吕不韦、刘邦、曹操、袁世凯等。

"少不读《水浒》，老不读《三国》"，这是我们很小就听到的一句忠告。意思是说，《水浒》里面杀气太重，青少年看了很容易滋生乖张暴戾之气；《三国》里面阴谋太盛，年长一些的人看了容易陷入权术和阴谋之中。的确，《三国》中，充斥着对于谋略的描述。玩权谋玩得最厚黑、最流氓的人，要数"宁可我负天下人，不可天下人负我"的曹阿瞒无疑了。

曹操的流氓才能从很小的时候就有所表现。他小时候不爱读书，经常趁父母不注意的时候溜出去玩。他叔叔看不下去了，觉得这孩子不严加管教不行，于是向曹操的父亲曹嵩告状，说曹操整天游手好闲，不务正业。曹嵩听了便责骂曹操。

曹操非常生气，心生一计。一天在路上碰上了他的叔叔，曹操"啪"的一声倒在地上，口吐白沫，假装中风。他的叔叔见他在那儿抽搐，赶紧跑去告诉曹嵩。

曹嵩听了大惊，急忙回家探视。一回家，见曹操嬉戏如常，惊讶地问道："刚才你叔叔说你中风了，怎么一会儿就好了？"曹操笑嘻嘻地说："我好端端的，没有得什么病啊。"曹嵩说："可你叔叔说明明看到你中风了。"曹操说："我一向是没有病的，只是叔叔不待见我，所以才这么说的。"

曹嵩相信了他的话，从此以后，叔父再说曹操的坏话，曹嵩就都不信了。因此曹操便得以为所欲为，"恣意放荡，不务行业"。

曹操听说汝南有一位相士，人称许神仙，相术甚高，于是他特地去求见。曹操问："你看我是一个什么样的人？"许神仙没有理会他，曹操再三追问，许神仙才看了他一眼，说："你呀，是治世之能臣，乱世之奸雄。"曹操听了，一点也不生气，反而给了许神仙许多钱，大喜而归。

袁术占据淮南称帝，曹操带30万大军进攻袁术。两军长时间对峙，军粮跟不上，一时无法解决。为了解燃眉之急，曹操下了一道密旨，命令管粮官王垕，让他每一天克扣一点军粮，今天大家吃一斤米，明天剩下九两，后天就剩下八两了……

军士们渐渐吃不饱了，于是怨声四起。这时曹操知道军粮快要运到了，便出尔反尔，下令把王垕的脑袋割下来，向全军宣布王垕"故行小斛，盗窃官粮"的罪状。

在杀王垕之前，曹操对他说："欲借汝头以示众耳。"王垕觉得自己无罪，曹操说："吾亦知汝无罪，若汝不死，三十万人心皆变矣。"

克扣军粮，原本是曹操自己出的计策，王垕却做了替死鬼。从道义上说，这一行为的确非常卑鄙丑恶。

建安三年夏四月，曹军出兵讨伐张绣。行军途中，正赶上一路上麦子都熟了，农民因战乱逃亡，来不及收割麦子。为了取得民心，曹操下了一道命令，转达给附近的村民和各处守境官吏："此去，大小将校，凡过麦田，但有作践者，并皆斩首。"

不料，曹操的战马突然被一只鸟给惊了，窜到麦田里头，践踏了麦子。曹操马上下令部队停下来，要处置这件事情。他叫来行军主簿，拟议自己践踏麦田之罪，说："吾自制法，吾自犯之，何以伏众乎？"于是拔剑做出要自杀的样子来。

众将官都来求情，郭嘉还举出"法不加于尊"的《春秋》之"义"，说："丞相总统大将，岂可自残害也？"

这时曹操才说："既《春秋》有'法不加于尊'之义，吾暂记过。"于是用剑割下自己的一缕头发，扔在地上，说："割发权代首耳！"

这件事使得"万军悚然"，此后行军途中，对百姓的麦田都秋毫无犯。

曹操生怕遭人暗算，扬言说自己有"特异功能"，谁要是在他熟睡时靠近其卧榻，他便能觉察到。他还对侍臣和姬妾们说："我睡觉的时候千万不可靠近我，一靠近我，我便杀人，而且我自己都不知道。"一日，曹操佯装熟睡，故意没盖被子，一个近侍忘了曹操"梦中杀人"的话，好心去给他盖上了被子，结果好心未得好报，被曹操一剑砍死了。从此，在曹操睡觉的时候，左右谁也不敢靠近其卧榻。

曹操还声称自己"人欲危己，己辄心动"。他在私底下对一个侍从说："你暗藏刀子来到我的面前，我说我的心动，然后佯装要杀你。你不要说是我安排的，就一定不会有事。事后我有重赏。"那个侍从信以为真，怀藏刀子靠近曹操，曹操遂大叫"心动"，令人将那个侍从拿下，果然从其怀中搜出了利刃。曹操立即下令将那个侍从斩首。

曹操"耍流氓"的例子还有很多，如"一瓜杀三妾""代人捉刀"等。曹操阴险狡诈、凶残多疑，他笑的时候也许是在哭，他哭的时候也许是在笑，可是他又是一个非常爽直的人，处处透露出一股"我是流氓我怕谁"的强横甚至赖皮的霸气。

求人办事遇冷遇，切勿拂袖而去

朋友喜得贵子，大摆筵席，请你去赴宴。你带着礼物兴冲冲去了，可是等了半天，不但没见到朋友的面，就连侍者都没过来招呼。你会怎么做？

A.拂袖而去；

B.静静等待朋友过来；

C.挤出笑脸，主动去找朋友；

D.大声喊"怎么回事啊"，然后发脾气。

参与此项调查的人，有85%选择了"拂袖而去"，原因是他们受不了被当成空气的尴尬。

在与人相处时，人们总希望别人对自己热情、周到、彬彬有礼；在一个集体中工作时，人们也总希望他人对自己予以足够的关注、重视。可是，现实生活中，被人冷落的现象时有发生。对此，不同的人有不同的反应：或火冒三丈，或拂袖而去，或怀恨在心。这样的反应其实是不利于办事的，有时甚至会因小失大。因此，我们应该先了解受到冷遇的具体情况，再作出不同的反应。

若按遭冷遇的成因而分，无非以下三种情况：

①自感性冷遇，即估计过高，对方未使自己满意而感到的冷落；

②无意性冷遇，即对方考虑不周，顾此失彼，使人受到冷落；

③蓄意性冷遇，即对方存心怠慢，使人难堪。

当你被冷落时，要区别情况，弄清原因，再采取适当的对策。

◎对于自感性冷遇，你需要确定自己不是一个妄想者

生活中往往有这样的情况，去见朋友，本以为对方会热情招待，甚至脑子里已经浮现出了一幅场景：笑脸、美酒、佳肴……可是，到达现场却发现对方并没有这样做，而是采取了低调接待。这时，心里就容易产生一种失落感。

其实，这是一种"假"冷遇而非"真"冷遇。客观上对方并没有人冷落我们，只是我们对对方的期望过高。对方对我们的热情度并不如我们所期待得那样高，因为先入为主的想法和实际情况形成反差，这完全是一种主观上的误会。

有个人去拜访一个多年不见面的老同学。这位老同学如今已是商界的风云人物，每天造访的人很多，感到很疲劳，大有应接不暇之感，因此，对一般关系的客人，一律不冷不热待之。

这位朋友本以为会受到热情款待，这时心里顿时有一种被轻慢的感觉，认为此人太不够朋友，小坐片刻便借故离去。他愤愤然，决心再不与之交往。后来他才知道，这是此人的一贯待客方针，而不单单是针对某个人的。再仔细想想，自己并未与人家有过深交，自感冷落，不过是自作多情罢了。于是又改变了想法，并采取主动姿态与之交往，反而加深了了解，促进了友谊。

◎对于无意性冷遇，应采取理解和宽恕的态度

在交际场合上，有时人多，主人难免照应不周，特别是各类人员同席时，厚此薄彼的情况是最容易出现的。这时，没被照顾到的人就会产生被冷落的感觉。

当你遇到这种情况时，千万不要心生怨气，更不应拂袖而去。相反，我们应该拿出"宰相肚里能撑船"的气量，自己调整好自己的情绪，迅速地融入这个场合中。你也可以换一个角度来想：谁没有因为太忙或不注意细节而忽略过别人，冷落过别人？

司机小刘开车送老板去赴宴，主人热情地把老板迎进门，却把小刘给遗漏了。开始小刘有些生气，继而一想，在这样闹哄哄的场合下，主人疏忽大意是难免的，并不是有意看低自己，冷落自己。这样一想气也就消了。他悄悄地把车开到街上吃了饭。

等主人突然想起司机时，他已经吃了饭且又把车停在门外了。主人感到过意不去，一再道歉。小刘也就坡下驴，连连说自己不习惯大场合，且胃口不好，不能喝酒。这种大度和为别人着想的精神使主人很感动。事后，主人又专门请司机来家做客，从此两人关系不但没受影响，反而更密切了。

◎对待蓄意性冷遇，则要具体情况具体分析

一、你跟对方没有利益纠葛。

在这种情况下，你可以给予必要的回击，这既是维护自尊的需要，也是刺激对方、批判错误的正当行为。当然，回击不一定非得是面对面地对骂不可，含蓄、理智的回敬是最理想的方法。

一天，纳斯列金穿着一身旧衣服去参加一个高档宴会。他走进门时，没有一个人理睬他，更没人给他安排座位。于是他回到家里，换上最好的衣服，又来到宴会上。主人马上走过来迎接他，安排了一个好位子为他摆了最好的菜。

纳斯列金把他的外套脱下来，放在餐桌上说："外衣，吃吧。"

主人感到奇怪，问："你干什么？"

他答道："我在招待我的外衣吃东西。你们的这酒和菜，不是给衣服吃的吗？"

主人的脸刷地红了。纳斯列金巧妙地把窘迫还给了冷落他的主人。

二、你有求于他。

在这种情况下，就要发挥你的"厚脸神功"了，软磨硬泡，热脸紧贴冷屁股，以"磨"对"拖"，跟对方拼耐心。

土光敏夫是日本有名的实业家和企业家。1946年，他被推举为石心岛芝浦透平公司的总经理。当时，日本经历战乱，百姓生活苦不堪言，企业的发展更是遭遇瓶颈，其中最大的困难就是筹措资金。在当时的情况下，即便是一些大企业也资金紧张，更何况芝浦透平这种成立不久的小公司，根本就没有哪家银行肯借钱给他们。

土光敏夫上任后，决定扭转乾坤，背水一战，向第一银行贷款部经理长谷川求救。当然，他知道此举决非轻而易举之事。

他让秘书准备了一个旅行袋，里面放了两个饭盒，去见长谷川，一进门就摆出了不达目的誓不罢休的气势。他说："今天借不到钱，我无论如何都不回家！"

长谷川则装出爱莫能助的无奈之态，并且对他非常冷淡，土光敏夫说了大半天，他还是一声不吭，结果谈了半天也没有任何进展。

就这样一直耗到中午，一脸疲倦的长谷川打算借机溜走，土光敏夫便慢条斯理地拿出了带来的饭盒，关心地问："你也饿了吧？那让我们边吃边谈吧，谈到天黑也行。"硬是不让长谷川走开。

在这种死皮赖脸的攻势下，长谷川终于松口了，最后完全接受了土光敏夫的贷款要求。此后，土光敏夫为了得到政府给机械制造业的补助金，曾以同样的方式向政府开展申诉活动。正是凭着这种"无赖"精神，几年后，在日本国内，"说客"土光敏夫的大名流传开来。

忍无可忍，就重新再忍

佛祖在旅途中遇到了一个不喜欢他的人。一连好几天，那个人都在路上用各种方法谩骂佛祖。但佛祖从不跟他计较。最后，佛祖问那个人："若有人送你一份礼物，但你拒绝接受，那么这份礼物属于谁？"

那个人答："属于原本送礼的那个人。"

佛祖微笑着说："没错。我不接受你的谩骂，那你就是在骂你自己。"

那个人很惭愧地走了。

佛祖的意思是说，只要你对别人的诋毁采取不理不睬不接受的态度，那么无论别人如何谩骂你、如何攻击你，都影响不了你的快乐。也许这一句话更加经典："生气是拿别人的错误惩罚自己。"所以，任何时候都不要扰乱了自己的心，烦恼往往都是自找的。只要你不接受"烦恼"这份礼物，任何人都破坏不了你的好心情。

孔子说："巧言乱德，小不忍则乱大谋。"朱熹说："小不忍，如妇人之仁、匹夫之勇皆是。"又说："妇人之仁、不能忍于爱；匹夫之勇，不能忍于忿，皆能乱大谋。"他们一致认为小事情不忍耐，就会败坏大事情。

喜怒哀乐，人之常情也。然而情感这东西需要调节，仅为一事之违而愤然大怒，便可能酿出大错。《孙子兵法》云："主不可以怒而兴师，将不可以愠而致战。"因此发挥理智的作用，避免感情用事，才能避免"冲冠一怒为红颜"的鲁莽举动。

纵观中外历史，凡心志高远、胸怀韬略的明君贤哲，都是能冷静理智、抑怒束情的。

唐代的娄师德"唾面自干"的故事，一直被传为美谈。

娄师德，唐朝高宗年间进士，担任监察御史，后应诏从军，参加对吐蕃的战争。武则天欣赏他的才能，委以重任，让他管理朝政。这时，他已经63岁，待人接物都很宽宏大量，因此很得武则天的信任。

有一次，他的弟弟被提拔到代州去做刺史。临行前，娄师德对弟弟说："我本无才无德，侥幸位居宰相，而你如今又当刺史，这是让人眼红的，你必须设法保护自己。"

他的弟弟马上跪在地上说："如果有人向我脸上吐口水，我也不说什么，自己擦干就是。"娄师德正色道："我担心的就是这一点。有人往你脸上吐口水，说明他恨你，你为什么要把它擦干？你可以根本不擦，让它自己干嘛。"

其实，娄师德之弟的修养已经是常人难以做到的，而娄师德本人的忍辱功夫则更让人惊叹。在武则天统治时期，有周兴、索元礼、来俊臣三大酷吏横行，娄氏兄弟能以无比的宽容作为人生的准则，使之成为极少几位善终的高官之一。

胡适先生有一篇很有名的"挨骂论"，堪称民国版的"唾面自干"，里面这样说道："我受了十余年的骂，从来不怨恨骂我的人。有时他们骂的不中肯，我反替他们着急。有时他们骂的太过火了，反损骂者自己的人格，我更替他们不安。如果骂我而使骂者有益，便是我间接于他有恩了，我自然很情愿挨骂。如果有人说，吃胡适一块肉可以延寿一年半年，我也一定情愿自己割下来送给他，并且祝福他。"

唐朝天台山国清寺隐僧拾得与寒山子是佛教史上的两位著名诗僧。拾得的身世不详，据说他年幼时被人遗弃在赤城道侧，恰巧被正经行的丰干禅师发现，带回国清寺中，因此名为拾得。寒山子，又名贫子，经常栖身在天台山始丰县西的寒岩幽窟中，因此被称为寒山子，苏州的寒山寺就是以他的名字命名的。

此二人不仅行为怪诞，而且语言非常，非一般凡夫俗子所能领会，《古尊宿语录》中记载着他们这样的问答：

寒山问拾得："如果世间有人无端诽谤我、欺负我、侮辱我、耻笑我、轻视我、鄙贱我、厌恶我、欺骗我，我要怎么做才好呢？"

拾得回答说："你不妨忍着他、谦让他、任由他、避开他、耐烦他、尊敬他、不要理会他，再过几年，你且看他。"

在这段经典睿智的对话中，寒山问得好，拾得答得妙，所以至今仍让后人赞叹不已。

忍，是一种成熟的表现，也是一种理智的选择。周文王曾忍食子之痛，孙膑曾忍断足之苦，韩信曾忍胯下之辱，勾践曾忍破国之屈，因为能忍，他们最终都实现了自己的远大理想。

我们经常听到这样的说法："我的忍耐是有限度的。"实际上，这个限度，不仅是一个人忍耐的程度，也是他成就的程度。会"忍"的人，气量越"忍"越大，事业越"忍"越宏博；不会"忍"的人，胸怀越"忍"越小，事业越"忍"越缩水。最后，找不着北，迷失方向。

世界上没有忍不了的事，只有不愿意忍的人。套用一句网络流行语：忍无可忍，就重新再忍。

自己少爱点面子，给别人多点面子

鲍千灵、祁六、向望海三人到得庄上，游老二游驹亲自迎了出来。进得大厅，只见厅上已黑压压地坐满了人。鲍千灵有识得的，有不相识的，一进厅中，四面八方都是人声，多半说："鲍老板，发财啊！""老鲍，这几天生意不坏啊。"鲍千灵连连拱手，和各路英雄招呼。

他可真还不敢大意，这些江湖英雄慷慨豪迈的固多，气量狭窄的可也着实不少，一个不小心向谁少点了一下头，没笑上一笑答礼，说不定无意中便得罪了人，因此而惹上无穷后患，甚至酿成杀身之祸，也非奇事。

这是金庸小说《天龙八部》中的一节，在金大侠笔下，江湖中人视面子比性命更为重要，稍不如意便大打出手，即使血溅当场也不足为奇。

其实，无论是中国还是外国，每个人都在寻求被尊重的感觉。很多人判断别人对他好与不好的底线之一，是别人尊重他与否。

既然人人都在寻求被尊重的感觉，那这"尊重"就被交易化了。你尊重我，我也就尊重你，否则，我也不会尊重你，处处给你使绊子。这与"花花轿子人抬人"是一个道理。

学会让别人保住面子，是人际交往中的一条基本原则。可以说，你每给别人一次面子，就可能会增加一个朋友；你每驳一次面子，就可能失去一个朋友，甚至增加一个敌人。

某单位有一司机，酷爱打牌，闲时便大声召集牌友："走，'无'乐去！"牌友也大声附和："'无'乐就'无'乐！"一日，一新同事听到了，哂笑到："错了，是'娱'乐，不是'无'乐。"司机大怒："谁不知道是'娱'乐，好像就你有文化……"于是骂个不停，众人大为扫兴。这位同事也真是迂腐，竟不顾别人的面子，扫了大家的兴。

与人交往最重要的一件事就是要懂得如何照顾别人的面子。倘若你自以为自己的面子大，不把别人放在眼里，碰上死要面子的人，可能不吃你这一套，甚至撕下脸皮和你对着干，这样往往会把关系搞糟。

古代有位大侠名叫郭解。有一次，洛阳有个人因与他人结怨而烦恼不堪，多次请求地方上有名望的人出来调解，对方就是不给面子。后来他辗转找到郭解，请他来化解这段恩怨。

郭解接受了这个请求，亲自上门拜访委托人的对手，做了大量的说服工作，好不容易使这人同意了和解。照常理，郭解完成任务，可以走人了。

可郭解还有一着妙棋，他对这人说："听说许多有名望的人都来调解过这件事，但没能成功。这次我很幸运，你很给我面子，了结了这件事。我要多谢你，但也为自己担心，本地人出面尚不能解决的问题，由我这个外地人来完成和解，未免使之前那些有名望的人感到丢面子。所以，请你再帮我一次，等我明天离开此地，那些人还会上门，你要装作让他们以为我出面也解决不了问题。把面子给他们，算他们完成此美举吧，拜托了！"

人们对面子有一种本能的保护反应，对于伤害自己面子的人有一种本能的敌意，对于维护自己面子的人有一种本能的好感。所以在社会交往和职场工作中，顾全他人的面子的确是相当重要的。

1922年，土耳其人同希腊人经过几个世纪的敌对之后，土耳其人终于下决心把希腊人逐出土耳其领土。穆斯塔法·凯墨尔对他的士兵发表了一篇拿破仑式的演说，他说："不停地进攻，你们的目的地是地中海。"于是，近代史上最惨烈的一场战争展开了。土耳其最终获胜。

当希腊的迪利科皮斯和迪欧尼斯两位将领前往凯墨尔总部投降时，土耳其士兵对他们大声辱骂。但凯墨尔却丝毫没有显现出胜利的骄气。他握住他们的手，说："请坐，两位先生，你们一定走累了。"

然后，在讨论了投降的有关细节之后，凯墨尔安慰这两位失败者。他以军人对军人的口气说："两位先生，战争中有许多偶然情况。有时最优秀的军人也会打败仗。"

卡耐基说："凯墨尔即使在全面胜利的兴奋中，为了长远的利益，仍然记着这条重要的信条——让别人保住面子。"

那么，怎样才能给人面子呢？

◎给他人台阶下

某本杂志上写过这么一句忠告："不善于给别人台阶下，既是害人又是害己。"聪明的人从来都不会做让他人颜面尽失的事情，相反，当他人难堪的时候，如果我们能适时地给他人台阶下，不仅能获得对方的好感，而且也有助于树立良好的社交形象。

◎不要吝啬赞美

美国著名女企业家玛丽·凯曾说过："世界上有两件东西比金钱和性更为人们所需——认可与赞美。"当我们真诚地赞美别人时，对方也会由衷地感到高兴，并对我们产生一种好感。所以，要想缓和、增进双方的关系，不妨使用真诚的赞美。

◎给人"衣锦还乡"的机会

欧阳修有诗云："仕官而至将相，锦衣而归故乡。"一个人衣锦还乡，就是要将自己的名誉、地位、成就等值得炫耀的东西展示给自己的亲戚、熟人和朋友，在他们面前表现自己的优越感，从而得到他们的肯定、羡慕和赞赏。正因为多数人都有"衣锦还乡"的心理需要，所以给人提供"衣锦还乡"的机会就是在给别人面子。

◎给人在公开场合露面的机会

在公共场合，每个人都想把自己最优秀的一面展现给大家，所以都十分注意自己的言行举止和个人形象，也会比平时表现出更为强烈的自尊心和虚荣心。在这种情况下，当你把公开露面的机会让给他时，往往就会让他脸上有光，从而对你产生强烈的好感。

在社会上，我们的行为处世都要懂得以圆补方，任何事情都不要做得太绝，要给别人留面子，让别人也有尊严可守，这才是一种善于生存的智慧，一种做人、做事的高明境界。

CHAPTER SIX

把话说到心坎里

您老可"真够意思"

- 准备100顶高帽子
- 会哭的孩子有奶吃
- 逢迎有术，夸死人不偿命
- 好话留在背后说
- 软磨硬泡，厚脸求人要耐心
- 见什么人说什么话，到什么山唱什么歌
- 投其所好，多谈对方感兴趣的事
- 千穿万穿，马屁不穿
- 写八股文：如何与难接近的人套近乎
- 良言一句三春暖，恶语伤人六月寒
- 打人莫打脸，骂人莫揭短
- 失意人面前不提得意之事
- 会说的不如会听的

准备100顶高帽子

清朝乾隆年间，有个大才子叫袁枚，他少年聪慧，资质过人，二十多岁时已经名满天下，年纪轻轻便踏入仕途，担任七品县令。

赴任之前，袁枚特意去拜别他的恩师——文华殿大学士兼翰林院掌院学士尹文端，顺便聆听老师的教诲。

尹文端见学生登门，心中自然十分高兴，就问袁枚道："当官不是那么简单的，你小小年纪就做上了知县，有什么准备啊？"

袁枚见老师询问，就老老实实地回答："学生也没有准备什么，只是准备好了100顶高帽子，只要逢人就送上一顶，办起事来就会容易很多了。"

尹文端听了这话有些不太高兴，说道："为官要正直，亏你还读了那么多书，怎么学会搞这一套了呢？还是要讲究勤政务实呀！"

袁枚回答道："老师，你有所不知，如今人人都喜欢'高帽子'，像您老人家这样不喜欢戴高帽子的人实在是凤毛麟角呀！"听到袁枚这么一说，尹文端马上就转怒为喜。

袁枚从老师的家里出来后，就感慨地说："我准备的100顶高帽子，还没到任，就已经送出去一顶了。"

人是最经不住恭维的动物，这是由人性的弱点决定的。求人办事时，如果你会说一些漂亮的恭维话，会送一顶顶高帽子，肯定会让对方心花怒放，办事也就顺利多了。

恭维是一个中性词。恭维人和被恭维人双方之间是平等的关系，或者说恭维是一种平视的举止。还有两个词叫做巴结和奉承，都是贬义词，巴结、奉承的人多少有点仰视自己的巴结对象。所以，要区分恭维与巴结或奉承是很容易的。恭维是现代社交礼仪重要的一项。观察周围，我们很容易看到恭维的例子。

如果每天上班，你的同事这样对你说：

你学过服装设计吧，怎么把衣服搭配得这么好呢？

你好像很喜欢古典式的服装，我觉得你很适合这种风格的衣服！

你的字写得真不赖，很有书法的味道，没有数十年的功底，是写不了这么好的！

听了这些话，你是不是心情变得特别好，无论对方提出什么要求你都不会拒绝？

从社会心理学角度来说，恭维是一种有效的交往技巧，能有效地缩短人与人之间的心理距离。美国心理学家威廉·詹姆士指出："渴望被人赏识是人最基本的天性。"马斯洛的需求层次理论也指出，人在温饱之后，最希望得到的就是"自我实现"。人人都爱听奉承话，这是不争的事实。

有一位杂志社编辑，他对说服那些作家很有一套。不论那些人如何忙，他都有办法使其答应为他写稿，谁都无法拒绝他的要求。

他常常这样说："当然我知道您很忙，就是因为您很忙，我才无论如何都要请您帮个忙。那些有空闲时间的作家写出来的作品，总不如您的好。"

据他所说，这种说法从未失败过。

善于恭维他人的人，最容易讨得他人的喜欢。《人性的弱点》一书的作者戴尔·卡耐基说："如果你想使人喜欢你，或者想让他人对你产生兴趣，那你必须注意的一点就是谈论他人感兴趣的问题，学会投其所好。"恭维便是投其所好，只不过投的是人皆有之的虚荣心。

在《三国演义》中有这样一个故事：

刘备攻占西川，将勇将马超纳入麾下，封其为平西将军、都亭侯，同时厚赏老部下和新降的文武官员，封五虎将。远在荆州的关羽得到了黄金五百斤、白银一千斤、钱五千万、蜀锦一千匹的赏赐。

关羽听后不服，认为马超刚刚来投，也没立多大的功劳，就得到了这么高的官职，令人难以信服。于是他叫来儿子关平，说："我要你去趟成都，一来是向你伯父致谢，二来你还要代为禀告一件事。我听说马超武艺非凡，故打算入川和他比武，看看到底是谁更胜一筹。"

关平来到成都，面见刘备，禀报此事。

刘备听后大惊，说道："荆州是我等立身之本，如果云长擅自入川，谁来防守荆州？马超武艺不在云长之下，如果二虎相争，无论哪个有点闪失，都非同小可。这如何是好？"

正在左右为难之际，军师诸葛亮却说："主公不用烦恼，只要我修书一封，定会让云长回心转意，安心镇守荆州。"

诸葛亮写好书信，让关平快马加鞭带给关羽。关羽见到关平回来，连忙问："你可曾向伯父提到我要入川和马超比武之事？"关平说："我已经向刘伯父禀告了，现在有军师书信在此。"

关羽打开一看，诸葛亮的信是这样写的：

亮闻将军欲与孟起分别高下。以亮度之：孟起虽雄烈过人，亦乃黥布、彭越之徒耳；当与翼德并驱争先，犹未及美髯公之绝伦超群也。今公受任守荆州，不为不重；倘一入川，若荆州有失，罪莫大焉。言虽狂简，惟冀明照。

关羽看完，自抚其髯笑曰："孔明知我心也。"从此再也不提找马超比武的话题了。

诸葛亮巧妙地用一顶高帽子化解了一场生死搏斗。很多时候，世间的事情就是如此有趣，无论是满腹经纶的文人，还是技压群雄的武士，你若从正面与他们比文论武，未必能胜得过他们一招半式，但只要你动一动嘴，轻巧地送他一顶好看又实用的"高帽子"，立刻就能以柔克刚，化险为夷。

俗话说："对别人微笑，别人就会对你微笑。"既然好听的话人人都爱听，既然漂亮的帽子人人爱戴，那么我们又有什么理由不送给别人一顶高帽子呢？

会哭的孩子有奶吃

常言道："老实人吃哑巴亏"，"会哭的孩子有奶吃"，这都是我们的祖先总结出的地地道道的"真经"。

人在婴儿时期不会说话，只能用哭来表示，大多数时候哭表示饿了，母亲只要听到孩子哭了，就会喂奶，所以会哭的孩子有奶吃。放到生活中就是，人要会善于或者敢于表达自己的愿望，别人才会给予。

但是现实生活中，很多人因为拉不下面子，放不下架子，最终却让自己陷入苦恼之中。要知道，与残酷的现实硬碰硬是没有任何好处的，必要的时候，能够拉下脸去求人，才有绝处逢生的机会。求人没有什么大不了的，世道无常，没准来个乾坤大挪移，过两天人家来求你呢！

当然，急病不能乱投医，求人办事之前，一定要对对象的情况作客观的了解。只有知己知彼才能百战不殆。

三国时期，有个叫许允的人在魏国做官，提拔了很多同乡人。魏明帝察觉之后，便派人去抓他。他的妻子在他即将被带走时，赶出来告诫他说："明主可以理夺，难以情求。"意思是让他向皇帝申明道理，而不要寄希望于哀情求饶。因为皇帝以国为尊，以公为大，不徇私情，所以只有晓之以理，才有可能保全性命。

于是，见到魏明帝的时候，许允坦荡地说："陛下规定的用人原则是'唯才是用'，我的同乡我最了解，请陛下考查他们是否合格，如果不称职，再处罚我不迟。"魏明帝派人考查许允提拔的同乡，他们都很称职，于是魏明帝将许允释放了，还赏了他一套新衣服。

说话看似很简单，上下嘴唇一碰，话就出来了，但要说好话是不容易的，所谓"成也嘴，败也嘴"。说出去的话就如同泼出去的水，没有挽回的余地。所以，在求人办事的过程中，使用语言时，要注意以下几个方面：

◎礼貌第一

所谓"礼貌"是指应该尽量选用被请求者乐意接受的称呼，像在问路、请求让座时，这一点就显得非常重要。问路时，称对方为"老头""小孩子"，那你肯定一无所获；若改用"老人家""小朋友"等，效果就会好些。

我国古代有一个"以礼问路"的故事，说的是有位从开封到苏州去做生意的人，在去苏州的路上迷失了方向，在三岔路口上犹豫不定。忽然，他看见附近水塘旁边有一位放牛的老人，就急忙跑过去问路："喂，老头！从这里到苏州走哪一条路对呀？还有多少路程？"老人抬头见问路的是一位30多岁的人，因为他没有礼貌，心里头很反感，就说："走中间的那条路对，到苏州大约还有六七千丈远的路程。"那人听了很奇怪："哎！老头，你们这个地方走路怎么论丈而不论里呀？"老人说："这地方一向都是讲礼（里）的，自从这里来了不讲礼（里）的人以后，就不再讲礼（里）了！

◎以情动人

世间事逃不过一个"情"字，求人办事时更是如此。只有真情才能感动人，只因再铁石心肠的人也难免为真情所动。当然，表现"情"时不能冷冰冰的，也不能表现得过度热情。求人办事时，"情"的展现也只是一种客套而已。

◎先捧后求

所谓"捧"在这里是指对所求之人的恰到好处、实事求是的称赞，并不包括那种漫无边际、肉麻的吹捧。求人时说点对方乐意听的话，尤其是顺便就所求之事称赞一下对方，也不失为一种求人的好办法。

◎别说"你也可以"

开口求人的时候，千万不要说出"你也可以"这样暗含次等意味的词。因为这会使听者产生不悦之感。最好说一些"你是唯一的"之类的话，以此来激发他的荣誉感，比如"这件事只有你才能帮我了""我实在找不到比你更适合的人了"等等。

◎互利承诺

这是指在求人时不忘表示愿意给对方以某种回报，或将牢记对方所提供的好处，即使不能马上回报对方，也一定会在对方用得着自己的时候鼎力相助。配以互利的承诺，让对方觉得他的付出值得，同时也会对求助者多一份好感。

◎商量口吻来求人

既然是求人帮忙，当然不能用命令的语气。开口请求的时候，应以委婉商量的语气说出自己的困扰。多用"请""麻烦"等词语。商量的口吻，显示的是对对方意愿的尊重，比较容易让人接受。就心理学角度而言，那些高高在上、颐指气使的命令语气，最易招致人们的反感。而以平等的姿态、商量口吻提出的请求，通常都能得到人们正面的回应。

掌握说话的技巧，领会求人的艺术，才能够顺利地实现自己求人办事的目的。世界上没有什么事情是办不到的，只要将以上的说话技巧仔细揣摩、用心领会、付诸实践，求人办事又有何难！

逢迎有术，夸死人不偿命

俗话说："恭维话人人爱听。"几乎所有的人，都喜欢听赞美自己的话。可以说，对于赞美之辞，一般情况下，人们都会照单全收。即使赞美得有些过头，对方往往也会"来者不拒"。

赞美往往能够拉近你与对方的距离，自然也就会使你的求人之旅变得平坦。赞美如同一剂温柔的"毒药"，可以让上司、同事和下属在不知不觉中"中毒"，心甘情愿地去为你搭建攀爬人生最高峰的"人墙"。

清洁工的工作在一个大公司来说是最容易被人忽视，也最被人看不起的。但就有这样的一个清洁工，却在一天晚上，在公司的保险箱被盗时，与小偷进行了殊死搏斗，保住了财物。

事后，大家为他请功，并问他的动机。然而答案却出人意料，他说，因为当公司的总经理从他身边经过时，总会赞美他一句："你扫的地真干净！"

看见没有？就这么简单的一句话，却能感动一个员工，并让他"以身相许"。这也正合了中国的一句老话"士为知己者死"。

赞美别人，反过来也是肯定自己。由衷地表达对别人的欣赏，就是对自己有信心的表现。在别人的优点中，肯定了自己的眼光；在别人的成功中，肯定了自己的气度；在别人的表现中，肯定了自己的观察。

马克·吐温有一句名言："我接受了别人愉快的称赞之后，能够光凭着这份喜悦生活两个月。"的确，称赞、恭维之词是令人畅快无比的。经常听别人说："一个男人，如果能把女人夸得心花怒放，那离获得她的爱情就不远了。"这意味着什么呢？这说明女人不一定信命，但肯定信夸。

一位孀居多年的老妇人应邀去参加一个别有特色的情人舞会。舞会的组织者旨在使参与者们能够回忆起他们的年轻时代。舞会上，这位妇人曾经的两位情人也来了。第一位情人见到那妇人时脱口而出："哟，你和年轻时完全不一样了，真的变成一个老太婆了。"第二位却对她说："亲爱的，你今晚太美了。人们都说岁月是美丽的杀手，可它丝毫未能摧毁你的优雅。要是你不介意的话，我多么希望自己能成为你今后的生活伴侣。"

接下来，舞会开始了。

老妇人在第二位情人的邀请下走上舞场，舞曲一支接一支地放，两人一支接一支地跳，直到舞会终场，她礼貌地向两位情人道别，便转身走了。三天以后传来了这位老妇人的死讯，两位情人及时赶到，并分别得到一封信和一个包裹。在给第一个情人的信里，老妇人说："你是一个诚实的人，你说了真话，现在我把我一生的日记全部留给你，从中你可以看到一个女人真实的内心世界。"

在给第二个情人的信里，老妇人说："感谢你一席美丽的谎言，它让我度过了一个美好的夜晚，并足以把我一生的梦幻带到另一个世界。为此我将留给你我全部的财产，你可以用它继续向其他女人编造赞美的谎言。"

赞美的力量如此神奇，主要是因为对方的自尊心得到了满足。当今社会，会说漂亮话的人，办事容易，到哪儿都受欢迎。每个人听到别人赞美的话，心中都不免兴奋，脸上堆满笑容，但口里却说："哪里，我哪有那么好，你真是太会讲话了！"事后回想，明知对方所讲的可能是恭维话，却还是没法抹去心中的那份喜悦。

每个人都有到私人商摊处买衣服的经历，在你试衣时，肯定会受到卖主的恭维："哇，真漂亮！穿起来非常合身，朴素、大方、有风度。你比以前年轻了好几岁。"本来你不想买那件衣服的，最终却买回来了。

可是第二天穿了不到两个小时，衣服某条缝线断了，裂开了一个洞。此时，你才明白，是商家的恭维使你上了当。

法国作家伏尔森的好友丰特奈尔是一位有名的科学家和文学家，他97岁时还谈笑自若。一日，他在社交场合遇到了一位年轻貌美的女子。他对那位女子说了很多恭维话，片刻之后，他再次经过那位女子面前时却没看她一眼。于是那女子对丰特奈尔说："我该怎么看待你的殷勤呢？你刚刚连一眼也没看我。"丰特奈尔不慌不忙地回答："我若看你一眼只怕就走不过去了。"

可见，你对人说恭维话，如果恰如其分，适合其人，他一定十分高兴，对你便有好感，求他办事也就容易多了。

那么怎样去赞美别人呢？这个尺度该如何把握呢？

◎赞美不是阿谀奉承

赞美不是阿谀奉承，使用过多的华丽辞藻，只会使对方感到不舒服，不自在，甚至难受、厌恶，其结果是适得其反。假如你的一位同事歌唱得不错，你对他说"你唱的歌真是全世界最动听的"，这样的赞美只能使双方都难堪，但若换个说法："你的歌唱得真不错，挺有韵味的"，你的同学一定很高兴。所以赞美之言不能滥用，赞美一旦过头变成吹捧，赞美者不但不会收获交际成功的微笑，反而要吞下尴尬的苦果。古人说得好：过犹不及。

◎根据对方的特定心境

俗话说：入门休问非荣事，观看容颜便特知。在赞美别人时，要学会察言观色。一个为事业废寝忘食的人，便可以说他是"以事业为重，有上进心"；一个为了债务焦头烂额、心绪不宁、一夜未眠的人，你夸他"事业有成，春风得意"，对方会认为你是在讲风凉话。

◎赞美别人得意的事情

每个人跟你谈到他认为得意的事情时，都希望得到热烈的回应。所以，当别人眉飞色舞地谈起他的得意之事时，我们不妨给予适当的赞美。例如，当上级谈到最近做成了一笔大生意的时候，你可以用"不得了，我还从来没看到过这么大的订单呢"这样的话来表达自己的敬佩之情。

◎从否定到肯定的评价

很多人在赞美别人的时候只是平铺直叙，效果有限。如果尝试采取从否定到肯定的赞美方法，也许效果会好得多。如一般的评价是"我像佩服别人一样佩服你"，从否定到肯定的评价则是"我很少佩服别人，你是例外"。

◎赞美要有雪中送炭的效果

俗话说，患难见真情。最需要赞美的不是那些早已功成名就的人，而是那些身处逆境或郁郁不得志的人。这些人平时很难听一声赞美的话语，一旦被人当众真诚地赞美，便有可能振作精神，大展宏图。因此，最有实效的赞美不是"锦上添花"，而是"雪中送炭"。

此外，赞美并不一定总用一些固定的词语，有时，投以赞许的目光、做一个夸奖的手势、送一个友好的微笑也能收到意想不到的效果。

好话留在背后说

中国有句老话，叫做"静坐常思自己过，闲谈莫论他人非"，意思就是平时多想想自己的过错，少说别人的闲话，以防惹麻烦。因此，人们都将背后说人闲话当成一种忌讳。但是，背后说人家好话，则会收到意想不到的效果。

《红楼梦》中有这么一段描写：史湘云、薛宝钗劝贾宝玉做官为宦，贾宝玉大为反感，对着史湘云等人说："林姑娘从来没有说过这些混账话！要是她说这些混账话，我早和她生分了。"

凑巧这时黛玉正来到窗外，无意中听见贾宝玉说自己的好话，"不觉又惊又喜，又悲又叹。所喜者，果然自己眼力不错，素日认他是个知己，果然是个知己；所惊者，他在人前一片私心称扬于我，其亲热厚密，竟不避嫌疑"。

在林黛玉看来，宝玉在湘云、宝钗、自己三人中只赞美自己，而且不知道自己会听到，这种好话就不但是难得的，还是无意的。倘若宝玉当着黛玉的面说这番话，好猜疑、使小性子的林黛玉可能就认为宝玉是在打趣她或想讨好她。

背后说别人的好话，比当面恭维别人说好话，效果要明显好得多。不用担心，我们在背后说他人的好话，是很容易就会传到对方耳朵里去的。

明朝有个县令很喜欢听别人恭维自己。每发布一个政令，都要听到属下交口赞誉，他才高兴。有个差役想博得县令的欢喜，故意在一旁悄悄地对人说："凡是身居高位的人，大多喜欢别人的奉承，只有我们老爷不是这样，一向对别人的称赞不放在心里。"县令从一旁听到这话，非常高兴，马上唤来那个差役，对他称赞不已，说道："能读懂我心的，只有你了！"从此对这个差役大加重用。

毫无疑问，差役这些话是专门说给县令听的，但他不直接向县令说，却以和同伴背后议论的方式，有意识地让县令听到耳朵里去，把县令捧得极高，而达到拍马屁、讨好县令的目的。

在背后赞扬别人，能极大地表现说话者的胸怀和诚实，有事半功倍之效。假如有一位陌生人对你说"某某经常对我说，你是位很了不起的人"，相信你感动的心情会倍增。因为这种赞美比起一个人当面对你说"先生，我是你的崇拜者"更让人舒坦，更容易让人相信，从而对对方产生信任感。

《新唐书·娄师德传》载：狄仁杰当宰相之前，娄师德曾在武则天面前大力推荐他，但狄仁杰对此事却一无所知。他认为娄师德不过是个普通武将，很瞧不起他，一再排挤他。

武则天察觉此事后，便问狄仁杰："朕很重用你，任你为相，你知道是为什么吗？"狄仁杰不以为然地说："我是以自己的能力和学识来晋取官爵的，不像有的人是依靠阿谀奉承而当官的！"武则天微微一笑，说："可是朕原来也不了解你的德行和才识啊！你之所以官至宰相，是因为有人向我大力推荐你。"狄仁杰很奇怪，说道："我从来没听说过这件事，不知道是在下的哪位好友如此看中臣，我一定要好好谢谢他，以报知遇之恩！"武则天说："当初是娄师德多次向朕推荐你，说你学识渊博，才思敏捷，刚正不阿，是个不可多得的人才，朕这才下定决心委你重任的！"说完，武则天命令左右拿来放大臣们奏折的箱子，从里面找出了十几本娄师德推荐狄仁杰的奏折给狄仁杰看。其中一篇奏章写道：

臣闻尧登社稷，庆会明良；舜用皋陶，四方风动。殷周虽有高宗昌发之君，犹赖传说吕望之阻。窃见太原狄仁杰，出自并州，英姿挺特，行包九德，才兼四科，观变历微，占天知地。阐弘道奥，同史苏、京房之伦；德量谋猷，有伊吕、管晏之任。诚大唐之柱石、社稷之元龟，宜加拔擢，使登台司，上顺三辰，下叙五品，以致休征之应。

狄仁杰读了之后，十分惭愧，武则天也没有指责他。狄仁杰出宫后感叹说："娄公的品德真是有如巍峨高山！娄公推荐我，却从来没有半点骄矜的表现；一直以来又百般包容忍让我，我不仅不领情，还总是自以为是。我比娄公差远了。"于是狄仁杰来到娄府一躬到地，向娄师德当面赔礼道歉。娄师德备酒款待他，自此之后，二人相善如初。

好话留在背后说是赢得尊重和信任的良药，也是获得真诚友谊的法宝。所以，我们在求人时不妨用这种方式，在正式向他开口之前，先让他知道他在你心中原来有这么高的评价，之后当你向他开口请求帮助时，他便会为你大开方便之门。

软磨硬泡，厚脸求人要耐心

彼时黛玉自在床上歇午，丫鬟们皆出去白便，满屋内静悄悄的，宝玉揭起绣线软帘，进入里间，只见黛玉睡在那里，忙走上来推他道："好妹妹，才吃了饭，又睡觉。"将黛玉唤醒。黛玉见是宝玉，因说道："你且出去逛逛。我前儿闹了一夜，今儿还没有歇过来，浑身酸疼。"宝玉道："酸疼事小，睡出来的病大。我替你解闷儿，混过困去就好了。"黛玉只合着眼，说道："我不困，只略歇歇儿，你且别处去闹会子再来。"宝玉推他道："我往那去呢，见了别人就怪腻的。"

黛玉听了，嗤的一声笑道："你既要在这里，那边去老老实实的坐着，咱们说话儿。"宝玉道："我也歪着。"黛玉道："你就歪着。"宝玉道："没有枕头，咱们在一个枕头上。"黛玉道："胡说！外头不是枕头？拿一个来枕着。"宝玉出至外间，看了一看，回来笑道："那个我不要，也不知是那个脏婆子的。"黛玉听了，睁开眼，起身笑道："真真你就是我命中的'天魔星'！请枕这一个。"说着，将自己枕的推与宝玉，又起身将自己的再拿了一个来，自己枕了，二人对面倒下。

我们都知道，林黛玉是何等敏感而矜持之人，要想亲近她谈何容易！抢枕头事儿小，关键是亲密独处的机会难得。宝玉一番软磨硬泡，换来了与林妹妹亲密相处的宝贵机会，可谓超值。

求人办事的过程中，出现被拒绝的情况时，大多数人的第一反应便是不知所措，甚至恼羞成怒、摔门而去。但是，这一切都无济于事。在这种情况下，应该让理智占据上风，采取忍耐的态度。既然有求于人，那你就得脸皮厚点，软磨硬泡也好，死缠不休也罢，反正得达到预想的目的。一被驳回就打退堂鼓的人是办不成事的。

宋朝的赵普曾做过太祖、太宗两朝的宰相，他个性率直坚忍，认定的事情，九头牛都拉不回来。

有一次，赵普向宋太祖推荐一位官吏，但太祖不大喜欢这个人，所以对赵普的奏折不予理睬。

赵普没有灰心，第二天上朝又向太祖提出这项人事任命申请，太祖还是没有答应。

赵普仍不死心，第三天又提出来。太祖这次动了气，将奏折当场撕碎扔在了地上。

但赵普自有他的招数，他将那些撕碎的纸片一一拾起，回家后再仔细粘好。第四天上朝，话也不说，将粘好的奏折举过头顶立在太祖面前不动。

太祖为其所动，长叹一声，只好准奏。

常言道：人心都是肉长的，再硬的心也经不住软磨。求人的精髓在于一个"磨"字，只要你下定决心，一"磨"再"磨"，就没有办不成的事。

用"软磨硬泡"的方法达到目的，看似有些死皮赖脸的味道。可是究其实质，它与泼皮耍赖、无理取闹有着本质的不同。它立足于韧性与耐心，着眼于感化对方，所谓"精诚所至，金石为开"说的就是这个意思。

不过话说回来，"磨"也要讲究策略。"磨"的时候既要死缠烂打，又要显示出你的真诚；既要软磨硬泡，又不使对方反感。这就要有点真功夫才行。

◎要有足够的耐心

求助于别人，并不一定什么事都畅行无阻，对方面露难色，态度冷淡甚至拒绝都是可能的，你千万不要因此就觉得自己丢了面子，受了侮辱，从而失去了耐心。

足够的耐心是软磨硬泡的前提和基础。外国有一种说法叫"人钉人"。同样的内容，两次、三次……反复地向对方说明，从而达到求人的效果。动用这种求人法，必须要有超越常人的耐力才行，对一度的失败，绝不灰心，找机会反复地"钉"上门去。

在一次宴会上，一位大陆男士偶遇一位香港女作家。男士被女作家的风采深深打动，晚宴后就对她说了一句惊人之语："我可以追求你吗？"女作家当时只把它当成是一句玩笑话。谁料那位男士真的开始展开猛烈追击。每天从早开始，他便带许多朋友一起在她下榻的大酒店"站岗"。对于男士的这一举动，女作家以为遭遇了恐怖分子，不敢踏出酒店一步。而紧盯不放的男士便不断以电话对女作家进行"骚扰"，并告诉她"如果再不露面，我便要通知你所有的朋友，告诉他们我要追你"。

女作家被他逼得无路可走，急中生智地说："你请我喝咖啡，我们好好聊聊。"女作家明白大陆人收入低，索性一口气喝了五六杯咖啡，打算让追求者"破产"。结果他也跟着要了五六杯咖啡，结账时不但没有囊中羞涩，反而给了服务员一笔数目不小的小费。女作家这次想让对方知难而退的计谋以失败告终。

最激烈的一幕发生在她准备离开上海的那天，那位男士鼓足勇气，居然当众激烈亲吻她。霎时花容失色的女作家久久不能言语，随后激动得几乎落泪说："你怎么能够这样？"在她离开上海后，那男士更是一路穷追猛打。女作家赴西安，他便追到西安；女作家逃去台北，他也抵达台北。

至此，女作家说："只要残存在地球上一天，似乎都无法逃出他的手掌心。"她不得不宣告投降，随后结婚。

◎态度要诚恳，语气应平和

软磨硬泡时，要注意用语的分寸，多用恳请语气，千万不可用"怎么还不处理呀？""不是说今天就给我答复吗？为何讲话不算数？""你们到底什么时候解决？""这个月底前必须处理！"等责问句或命令句。如果改换另一种询问口气，可能效果会好得多。

◎泰山压顶

在催问时间的间隔上，要越来越短，次数上要越来越频繁，给对方造成"泰山压顶"的紧迫感。频频催问很可能引起对方的烦躁，这不要紧，只要你是有理有节，就没有关系。坚持下去，就会带来转机。

◎巧于语言攻心

有时候你去求人，对方推着不办，并不是不想办，而是有实际困难，或心有所疑。这时，你若仅仅靠行动去"磨"，很难奏效，甚至会把对方"泡"火了，缠烦了，更不利于办事。如遇上这种情形，嘴上功夫就显得十分重要了。要善解人意，抓住问题的症结，巧用语言攻心。

见什么人说什么话，到什么山唱什么歌

市里召开政府工作会议，新来的秘书小魏知道，这是结识各位领导的天赐良机，当然不可错过。于是小魏早早来到会场入口处等候各位领导。

孙局是坐专车来的，小魏上前打开车门："风光、风光，多让人羡慕啊！"

王局则是坐出租车来的，小魏迎上去："潇洒、潇洒，一招手就有车，不用麻烦司机，来去还自由。"

刘局比较年轻，骑辆自行车就来了。小魏说："廉政、廉政，都像您这样，老百姓还有啥抱怨的。"

李局是走着过来的，小魏热情地打招呼："健康、健康，现在好多富贵病都是缺少运动，坐车坐的！"

在一边观看多时的周局见小魏巧舌如簧，便成心为难小魏："我若是爬着来的，你怎么说呢？"小魏立即竖起大拇指："哎呀，这么多局长里面，就您最稳当！"

听了你也许会哑然一笑，但是我们可以从中悟出逢不同的人说不同的话的奥妙所在。

战国时期著名的纵横家鬼谷子曾经精辟地总结出与各种各样的人交谈的办法："与智者言依于博，与拙者言依于辨，与辨者言依于要，与贵者言依于势，与富者言依于高，与贫者言依于利，与贱者言依于谦，与勇者言依于敢，与过者言依于锐，此其术也。"

有人认为，"见什么人说什么话，到什么山唱什么歌"是虚伪的表现，其实这是一种片面的理解。大千世界，每个人的心理特点、脾气秉性、语言习惯各不相同，所以，不能用统一的说话方式来交流。因而，针对不同的人采取不同的说话方式，是很有必要的。

孔子曰："可与言而不与之言，失人；不可与言而与之言，失言。"那么，怎么才能做到不失人也不失言呢？这就要看说话的对象是谁了。所说对象不同，方式就不一样。

◎跟外行人谈话

话总是说给别人听的，至于说得好不好，是否有口才，不仅要看话语能否适当地表达自己的思想感情，也要看别人能不能理解。如果你说的话别人听不懂，那么这样的谈话还有什么意义呢？

古时候有个读书人，说话喜欢咬文嚼字。一天晚上，他睡觉被蝎子蜇了一下。于是他摇头晃脑地喊："贤妻，速燃银烛，尔夫为虫所袭！"他一连说了几遍，妻子丝毫不为所动。

于是他提高嗓门喊道："其身似琵琶，尾如铁锥。贤妻呀，快快看看，痛煞我也！"见妻子仍没有反应，自己实在忍不住疼痛了，一气之下，他冲着妻子吼道："孩子他妈，快来看看，蝎子蛰我了！"

这虽是一则笑话，却提醒我们：说话要分清对象，表达到位，跟外行人交流，就不能用内行的语言。

◎跟陌生人谈话

在生活中，人类的沟通范围，不可能局限于已熟悉的人和环境之中。事实上，我们每天都在接触陌生的人和事。那么，怎样和陌生人沟通呢？且看王熙凤的手段：

《红楼梦》第三回，林黛玉进京，小心翼翼初登荣国府时，王熙凤的几段话就展现了她非凡的语言才能。先是人未到话先行："我来迟了，不曾迎接远客！"尚未出场，就给人以热情似火的感觉。随后拉过黛玉的手，上下细细打量了一回，仍送至贾母身边坐下，笑着说："天下竟有这样标致的人物，我今儿算见了！况且这通身的气派，竟不像老祖宗的外孙女儿，竟是个嫡亲的孙女儿，怨不得老祖宗天天口头心头一时不忘。只可怜我这妹妹这样命苦，怎么姑妈偏就去世了！"一席话，既让老祖宗悲中含喜，心里舒坦，又叫林妹妹情动于衷，感激涕零。而当贾母半嗔半怪说不该再让她伤心时，王熙凤话头一转，又说："正是呢！我一见了妹妹，一心都在她身上了，又是喜欢，又是伤心，竟忘了老祖宗。该打，该打！"至此，她把初次见到林妹妹应有的又悲又喜又爱又怜的情绪，抒发表演得淋漓尽致。

与陌生人开口交谈是人际交往中最重要的步骤之一。如果这一步处理得好，可以使人结识很多朋友。倘若处理得不好，就会引起尴尬，失去结识朋友的机会。

◎跟上司谈话

在和你的上司谈话时，态度一定要尊敬，还要落落大方，言辞恳切，娓娓动听，既不显得谦卑，又不露阿谀奉承之态，使领导听了很舒服，甚至心旷神怡。

刘强老实、木讷，很少出声，引不起大家的注意。所以，尽管他工作勤勤恳恳，可在公司里总是默默无闻，几年如一日地待在当初的位置上。

一次，老板带刘强一起出差。在火车上，刘强的铺位刚好在老板的旁边，两人寒暄了几个问题后，就陷入了可怕的沉默。刘强感到，这种大眼瞪小眼的气氛简直让人窒息，一定得说点什么打破僵局。可是他从来不和领导打交道，实在不知道从何谈起。

突然，刘强瞥见老板脚上穿着一双锃亮的皮鞋，非常显眼，于是就说："老板，你这双鞋子非常有品位，在哪里买的？"

原本只是没话找话，但老板一听，顿时眼睛放光："这双鞋啊，我在香港买的，世界名牌呢！"老板的话匣子一下子打开了，开始滔滔不绝地讲述自己在服装搭配上的心得，还善意地指出刘强平时在工作中着装的不足，两人言谈甚欢。

下车的时候，老板意味深长地说："刘强啊，看来以前对你的了解太少了，今后你好好干。"

说话谁都会，但把话说得动听，通过说话给别人留下良好印象，却未必是每个人的专长。所谓"见什么人，说什么话"，并不是教你耍两面派，说假话，说虚话，说套话，而是告诉你，说话时不仅要考虑对方的身份，还要注意观察对方的脾气秉性。说话看清对象，才能达到说话的目的，无疑也会赢得一个好人缘。

投其所好，多谈对方感兴趣的事

一只小兔子去钓鱼。

第一天啥也没钓到。

第二天还是一无所获。

第三天兔子准备空手离开。忽然一条鱼跳出来说："你小子明天要是再用胡萝卜来钓鱼，我就拍死你！"

这个笑话告诉我们，在钓鱼之前，我们首先要考虑的是鱼喜欢吃什么样的东西，然后再准备鱼饵，这样才能钓到鱼。同理，社交中，智者是高明的钓手，他会针对所钓的"鱼"喜欢什么，然后投其所好，"鱼"就比较容易上钩；而愚者则根据自己喜欢吃的食物做鱼饵，不考虑"鱼"的喜恶，所以愚者很难钓到想要的"鱼"。

每一个拜访过罗斯福的人，都会对他渊博的学识感到惊奇。勃莱福特说："不管是牧童还是骑士，是政客还是外交家，罗斯福都像先知一样知道跟他说些什么。"这是怎么回事呢？

答案很简单：在接见来访的客人之前，罗斯福总统都要进行一番调查研究，详细了解客人的爱好、习惯、生活圈子等。于是，他总能在谈话中游刃有余。

在谈话过程中，尽可能了解有关对方的情况，包括文化背景、生活习惯、历史传统、性情秉性、爱恶嗜好等，这是很重要的，否则，就很难取得预期的效果。

耶鲁大学教授费尔普早年就有过这种教训。

"我8岁那年，有一个周末，我去拜望我的姑母，并在她家度假。"费尔普在他的一篇关于人性的文章中写道，"有一天晚上，一个中年人来访，他与姑母寒暄之后，便将注意力集中于我。当时，我正巧对船很感兴趣，而这位客人谈论的关于船的话题似乎特别有趣。他走后，我向姑母热烈地称赞他，说他是一个多么好的人，对船是多么感兴趣！而我的姑母告诉我，他是一位纽约的律师，其实他对有关船的知识毫无兴趣。但他为什么始终与我谈论船的事情呢？姑母告诉我：因为他是一位高尚的人。他见你对船感兴趣，所以就谈论船舶，这是你喜欢并感到愉悦的事情，同时也使他自己受人欢迎。"

费尔普说："我永远记住了姑母的话。"

谈对方感兴趣的事，对方一定会很乐意听的。古人说："话不投机半句多。"只要抓住了对方的兴趣点，投其所好，不仅不会"半句多"，而且会千句也嫌少，越谈越投机，越谈越相好。

如果你要使人喜欢你，使人对你产生兴趣，那就记住：知道他感兴趣的事情，然后说他爱听的话。

伊斯曼是美国柯达公司的创始人，他曾投入巨款在罗彻斯特建造了一座纪念馆、一座音乐堂和一座戏院。为了承接这批建筑物内的座椅，无数制造商展开了你死我活的竞争。但是，找伊斯曼谈生意的商人无不乘兴而来，败兴而归。

优美座位公司的经理亚当森也是这批人当中的一个，不过他谈判的方式有点与众不同。

在见到伊斯曼本人之前，伊斯曼的秘书告诉亚当森："我知道您急于想得到这批订货，但我现在可以告诉您，如果您占用了伊斯曼先生5分钟以上的时间，您就完了。他是一个很严厉的大忙人，所以您进去后要快快地讲。"亚当森微笑着点点头。

亚当森被引进伊斯曼的办公室后，看见伊斯曼正埋头于桌上的一堆文件，于是静静地站在那里仔细地打量起这间办公室来。过了一会儿，伊斯曼抬起头来，发现了亚当森，便问道："早安，我能帮你一些什么忙吗？"

亚当森没有一开口就提到生意，而是淡淡地说："伊斯曼先生，我刚刚仔细观察了您的这间办公室。我本人长期从事室内的木工装修，但从来没见过装修得这么精致的办公室。"

伊斯曼在惊讶之余，高兴地回答说："哎呀！您不提我都忘啦，这间办公室是我亲自设计的，当初刚建好的时候，我喜欢极了。但是后来一忙，一连几个星期我都没有机会仔细欣赏一下这个房间。"

亚当森走到墙边，用手敲了敲木板，肯定地说："这是英国橡木，是不是？""是的！"伊斯曼激动得快要跳起来了，"那是从英国进口的橡木，是我的一位专门研究室内橡木的朋友专程去英国为我订的货。"

伊斯曼的心情好极了，他带着亚当森参观起了他的办公室。他把办公室内所有的装饰一件件向亚当森作介绍，从木质谈到比例，又从比例扯到颜色，从手艺谈到价格，然后又详细介绍了他设计的经过。

亚当森微笑着聆听，时不时点点头。他看到伊斯曼谈兴正浓，便好奇地询问起他的经历。伊斯曼便向他讲述了自己苦难的青少年时代，母子俩如何在贫困中挣扎的情景，自己发明柯达相机的经过，以及自己打算为社会所作的巨额的捐赠……本来秘书警告过亚当森，谈话不要超过5分钟。结果，亚当森和伊斯曼谈了一个小时又一个小时，一直谈到中午。

最后伊斯曼对亚当森说："上次我在日本买了几张椅子，放在我家的走廊里，由于日晒，都脱了漆。昨天我上街买了油漆，打算由我自己把它们重新油漆好。您有兴趣看看我的油漆表演吗？好了，到我家里和我一起吃午饭，再看看我的手艺。"

午饭以后，伊斯曼便动手，把椅子一一漆好，亚当森表示赞叹。直到亚当森告别的时候，两人都未谈及生意。最后，亚当森不但得到了大批的订单，而且和伊斯曼结下了终生的友谊。

可见，只要摸准了对方的喜好，便会一击即中。当与人交谈沟通时，你要知道他最关心的是什么，最喜欢的又是什么，勿忘投其所好。

投其所好，谈论对方感兴趣的事或物，在无形中给对方一个赞美和肯定，会使你获得对方的好感，从而拉近彼此之间的距离。

千穿万穿，马屁不穿

对上级刻意地吹捧、奉承，并希望通过这样来达到自己某些目的的人，我们常常称其"马屁精"。而他们的行为，我们称之为"拍马屁"。

拍马屁须得有拍马的和被拍的，一个巴掌拍不响，有被拍的喜拍，才有拍马的爱拍，近似于古人所说的"世有伯乐，然后才有千里马"，改换一下，可表述为"世有爱被拍的人，然后才有拍马屁的人"。

拍马屁有四个基本特征：

1.拍的人一定对被拍的人有所求；

2.拍的人一定比被拍的人地位要低；

3.拍的人一定只对被拍的人卑微自贱，对他人恰恰相反；

4.拍的人会多多少少得到些利益回报。

拍马屁起源于明朝的魏忠贤。魏忠贤虽为宦官，骑术却十分了得。明熹宗朱由俭喜欢赛马，有一天，他聚集众高手一试高下，只见魏忠贤不用马鞭，轻拍马屁股，尘土飞扬处，其马四蹄跃空，飞驰起来，居然得了第一。皇上大喜，询问魏忠贤何以不用马鞭能得此佳绩。魏忠贤答曰："无它，我熟马性，拍拍马屁耳。"从此，魏忠贤深得赏识，官运亨通。

"马屁"是个好东西。这东西闻起来臭，吃起来香。古往今来，不管是皇帝老子、权贵显赫，还是普通百姓、凡夫走卒，没有人能拒绝。

金庸小说《鹿鼎记》中韦小宝虽然不学无术，但天生聪慧，拍起马来无师自通，小小年纪就掌握了"曲线救国"的道理。康熙要到清凉寺拜见顺治，韦小宝故意大声叫了几句话，"却是叫给老皇帝听的，心想今日老小皇帝父子相会，多拍老皇帝马屁，比之拍小皇帝马屁更为灵验有效"。

《红楼梦》中记载王熙凤常拍贾母的马屁，她不说贾母德高望重，也不说贾母见识高远，却从贾母头上的小坑这八竿子打不着的地方开拍，拍得贾母笑逐颜开。

南北朝时期，一个皇帝见一个大臣的耳朵生得特别大，不禁勃然大怒："为什么你的耳朵那么大，朕的耳朵那么小？"大臣一听，连忙伏倒在地说："启禀皇上，微臣听说，驴的耳朵特别大，龙的耳朵特别小。"皇帝连连点头道："爱卿言之有理。"对于皇帝提出的这个问题，大臣是心知肚明的，无非是皇帝嫌自己耳朵小而心理不平衡。所以，大臣就故意降低姿态，大拍马屁：你是天子，是龙的化身，自然耳朵就小了；我呢，蠢笨，毛驴变的，自然耳朵就大了。这一马屁，拍得不露声色，拍得恰到好处，拍得皇帝心花怒放，听着舒服，收到了良好的效果。

晚清"中兴四臣"之一的曾国藩先生，可谓清正廉洁，刚正不阿。毛泽东曾写诗赞他："予于近人，独服曾文正。"曾国藩统兵作战期间，有一位客人前来拜访，此人仙风道骨，言辞精辟。曾国藩以为碰到了卧龙、凤雏这样的高人，对其颇为赏识，礼贤下士。两人谈及当今人物时，这位客人说："左宗棠执法如山，人不敢欺；公虚怀若谷，爱才如命，而又待人以诚，感人以德，当今非他人可比。"一句话点中了曾国藩的"快活穴"，令他心花怒放。于是便将此人留在军中，当做上宾款待，此后交给他一笔巨款，托他代购军火。不料此人携款离去之后，竟杳如黄鹤，再不复返。气得英明一世的曾国藩跺脚咬牙曰："唉，马屁害人啊！"

三百六十行，如今又添了一行。哪一行？拍马屁！据说在日本东京，两名大学生毕业后成立了"奉承恭维公司"，专门提供"奉承恭维服务"。他们用尽一切美丽言辞称赞顾客，让对方心花怒放，然后收费，一分钟费用100日元。据说生意相当火爆。

拍马屁一般是善意的，于社会于人并不造成什么危害，因为可以满足部分人的虚荣心，所以拍马屁有存在的理由。但是拍马屁是一种语言艺术，不是谁想拍就能成功的，要掌握其中的技巧才行。

◎**注意观察**

女人赞美漂亮永远是没错的，男人赞美气质一般都可以。但是这些只是普通的，因为人人都会说，以获得对方的欢心。那你就得注意观察，比如，对方是位女士，第二次和你见面的时候，系了一条漂亮的围巾，那你要及时赞美。

◎**微妙含蓄**

拍马屁者要心思缜密才能拍得恰到好处，拍起马来切忌拍得太响太浮，要达到一种似拍未拍的境界，让对方会心地一笑。

◎**正话反说**

人都有缺点。马屁拍到一定境界就要掌握正话反说的技巧，这个技巧要的是准确，反应快，有幽默感，让被拍者回味无穷，甚至认为你是最了解他的人。

◎**适可而止**

拍马屁不要拍得走火入魔，以致胡言乱语。如果一个人将拍马屁看成是工作中的必需，所拍的马屁没有任何目的和意义，又使自己陷入窘境的话，这就只能算是一种病态了。

写八股文：如何与难接近的人套近乎

《孙子兵法》有云："先知迂直之计者胜，此军争之法也。"迂者，弯曲也；直者，近直也。两点之间直线为最短距离，这是数学常识，人人都知道。但是在人际沟通中，东方人却往往喜欢舍近求远，凡事都要来个"山路十八弯"。

民国著名的文学家、幽默大师林语堂说过：中国人求人办事，就像写八股文一样。中国人求人办事，很少像西方人"此来为某事"那样直截了当开题，因为这样开题，便不风雅了。

中国人向来讲究在察言观色上做文章，就像写八股文一样，有着起承转合的优美。不仅有风格，而且有结构，大概可分为四段：

第一段是谈寒暄、评气候。诸如"尊姓""大名""久仰""夙违"及"今日天气……""哈哈"皆属于此类。林语堂把这称之为气象学的内容，它主要起"来则安之，位安而后情定"的作用，即联络感情，化解尴尬。

其实不光中国人如此，西方人也喜欢谈天气。电影《虎口脱险》里有一个情节，英国皇家空军中队长跳伞后不小心掉进了动物园的水池里，当他从水里露出脑袋，正好看见一只海豹，他跟海豹管理员打招呼时说了一句话："今天早上怪冷的，对吗？"

这句"今天早上怪冷的"大致相当于中国的"吃了吗"，英国人认为，当你想和一个陌生人开始谈话时，谈论天气是最为常见的打破僵局的方法。

第二段是叙往事、追旧谊。这一点就更深一层了，林语堂戏称之为"史学"，"也许有你的令侄与某君同学，也许你住过南小街，而他住过无量大人胡同，由是感情便融洽了。假如，大家都是文人，认识志摩、适之，甚至辜鸿铭、林琴南……那便更加亲挚而话长了"。如果能把这一点做好，双方感情就会很融洽。

第三段是讲时事、抒感慨。这一段是政治学，纵横的范围甚广，包括国事、国策、时政等等各方面。如果能做好这一段，感情将升华到一个新的境界，声势又壮，甚而至于相见恨晚，到了两肋插刀的程度。于是，你便可以开口了，见机讲你所求之事。

第四段是奉托"小事"。这是最实际的一步，叫经济学。在经过前三段的铺垫之后，可客气地起立，拿起帽子，然后兀而转来道：现在有一小事麻烦，先生不是认识某某大学校长吗？可否请写一封介绍信。这一段要自然随意，不要给对方造成太大的压力，也不要使对方觉得自己该欠他多大的人情，而是要充分利用前叙铺垫，陡然收笔，总结全文。

林语堂描述的这段"求人八股"，其实就是一种"顾左右而言他"的迂回战术，这也是中国人求人所特有的交际智慧。

一位哲学家说过："懂得绕弯子的人，才有可能是达到光辉顶点的人。"

生活中，人人都会遇到一些很棘手的难题，比如说服对方。这个时候，从正面入手往往很难奏效，因为直接说服极易让对方产生逆反心理。

该怎么办呢？不妨从侧面打开缺口，采用迂回战术。事实证明，迂回战术是进行有效说服的一个上佳策略，是达到说服目的的简便手段。

春秋时期，齐国的齐景公非常喜欢射鸟，他让一个叫烛邹的人看管那些捕捉来的鸟。有一次烛邹不小心把这些鸟全部放跑了。齐景公大怒，下令杀掉烛邹。

晏子是齐国的国相，知道了这事就对齐景公说："烛邹有三条罪状，请让我当面向他一一指出罪状，然后再杀他。"

齐景公说："可以。"

于是，晏子就把烛邹叫来，当着齐景公的面列数烛邹的罪状。

晏子一本正经地说："烛邹，你可知罪？你为君王管鸟却让它逃走，这是第一条罪状；使君王为了鸟而杀人，这是第二条罪状；这事传出，让天下人认为我国重小鸟而轻士人，败坏我们君王的名誉，这是第三条罪。你真是罪该万死！"

晏子列数烛邹的罪状之后，请求杀掉烛邹。齐景公这时早已恍然大悟，连连叫道："不要杀了，我听从你的指教。"

还有一个故事。明代嘉庆年间，有一个给事官名叫李乐。此人刚正不阿，清正廉洁。有一次，他发现科考舞弊，立即写奏章给皇帝，皇帝对此事不予理睬。他又面奏，结果把皇帝惹火了，以故意揭短罪，传旨给李乐的嘴巴上贴了张封条，并规定谁也不准去揭。封了嘴巴，不能进食，就等于给他定了死罪。

这时，旁边站出一个官员，走到李乐面前，不分青红皂白，大声责骂："君前多言，罪有应得！"一边大骂，一边"啪啪"打了李乐两记耳光，当即把封条打破了。由于他是帮助皇帝责骂李乐，皇帝当然不好怪罪。其实此人是李乐的学生，在这关键时刻，他"曲"意逢迎，巧妙地救下了自己的老师。如果他不顾情势，犯颜"直"谏，非但救不了老师，自己可能也难脱连累。

在有着含蓄文化传统的中国，赤膊上阵往往不受欢迎，因为它是一种不礼貌和无教养的表现，三国时期"许褚裸衣战马超"就是个活生生的例子，而迂回战术却是一个既体面又实惠的办法。中国有句古话叫做"不能直中取，宁可曲中求"，说的就是这个道理。

良言一句三春暖，恶语伤人六月寒

刻薄，提起这个词，很多人的脑海里立马就会出现这样的一张脸：满脸不屑的神情，两眼斜视你，让你浑身发毛。过分之人还会从鼻孔里发出一声：哼，有什么了不起的……

刻薄的人如同发臭的苹果，因为里面烂了。浮躁、脆弱、狭隘、偏激，然后就形成了刻薄。以下就是几个刻薄的典型：

代对伐说："拎把大洋刀出来吓唬谁呢？" 伐反唇相讥："裤腰带都丢了，还有脸出来混？"

6对9说："整天拿大顶你累不累啊？" 9对6冷笑："你整天大头朝下累不累啊？"

5对2说："你看你奴颜婢膝那个样儿！"2对5撇嘴反问："你怎么就不说说你自己那腐败的大肚皮呢？"

诸如此类尖锐刺耳的对话，在我们身边是耳熟能详。刻薄表面是攻击，实际是自卫。似乎是放大你的"坏"，其实是适应不了你的"好"。因此，刻薄者挺可怜的，损人不利己，庸人自扰。

从前，一个樵夫救了一只小熊，母熊对他感激不尽，于是安排丰盛的晚餐款待了他。第二天早晨，樵夫对母熊说："你款待得很好，但我唯一不满意的就是你身上的那股臭味。"母熊虽怏怏不乐，但嘴上却说："作为补偿，你用斧头砍我的头吧。"樵夫照做了。

很久之后，樵夫又遇到了母熊，问它头上的伤好了没有。母熊说："那次头上的伤痛了一阵子，伤口愈合后，我就忘了。不过，那次你说的话，我怎么也忘不了。"

真正伤害人心的不是刀子，而是比刀子更厉害的东西——语言。因为它已经远远超过了对肉体的伤害，它刺伤的是心灵。语言是思想的衣裳，谈吐是行动的翅膀。它可以表现一个人的高雅，也可以表现一个人的粗鄙。言谈高雅即行动之稳健，说话刻薄即行动之草率。

中国曾有"君子不失色于人，不失口于人"的古训，意思是说，有道德的人待人应该彬彬有礼，温文尔雅，不能出言不逊。礼貌待人，使用礼貌语言，是我们中华民族的传统美德。可是在现实生活中，很多人明知别人的短处，却总是喜欢把话题往那上面引。要知道，这世间没人愿意提及自己不好的一面，尤其是从他人嘴里当众说出，就像是往伤口上撒盐一样，没有人能够忍受。

有句古语："口能吐玫瑰，也能吐蒺藜。"有人因言而招祸，有人因言而成就，有人舌绽莲花，有人口出污言。赠人以善言，重如珠宝；伤人以恶言，甚于刀剑。

一代明君康熙皇帝，年轻的时候励精图治，平三藩、灭鳌拜，做了不少大事。但到了晚年，由于年纪大了，却产生了一个怪脾气——忌讳人家说"老"。如果有谁说"老"，他轻则不高兴，重则要让对方受罚。左右的臣子们知道他这个心理，都尽量回避。

有一次，康熙率领一群嫔妃去湖中垂钓，不一会儿，渔竿一动，他连忙举起钓竿，只见钩上钓着一只老鳖，心中好不喜欢。谁知刚刚拉出水面，只听"扑通"一声，鳖却脱钩掉到水里跑掉了，康熙长吁短叹连叫可惜。在康熙身旁陪同的皇后见状连忙安慰说："看样子这是只老鳖，老得没牙了，所以衔不住钩子了。"

话没落地，旁边另一个年轻的妃子却忍不住大笑起来，而且一边笑一边不住地拿眼睛看着康熙。康熙见了不由得龙颜大怒，他认为皇后是言者无心，而那妃子则是笑者有意，是笑他没有牙齿，老而无用了。于是将那妃子打入冷宫，终生不得复出。

俗话说："不打勤的不打懒的，专打不长眼的。"每个人都有自己忌讳的东西，在跟别人谈话的时候一定要小心，千万不能擅自越过雷池。"一言可以兴邦，一言也可以乱邦。"养成不良的语言习惯，爱乱说话，肯定会遭到他人的厌恶与反感，也会为以后的相处埋下隐患。

所以，无论什么时候，我们都要善于控制自己，说话之前一定要三思，否则即使后悔莫及，也再没有回旋的余地。到时候不仅对方会受到伤害，你自己也要吞下亲手酿造的苦果。

一帮同学聚会，来了一个同学的朋友，某人讲起投资，他一开口就说："你out了，要再多进修。"众人面面相觑。某人讲起澳洲红酒好喝，他马上说："这是品位问题。我喝红酒已经很多年了，澳洲红酒，根本不登大雅之堂。"

不久，他又在另一个场合出现了。当时有一位年纪较长的知名女士在场，他一开口就说："久闻你年轻时是个美女。"女士当然很不高兴。女士离开后，又听见他说："她提供给媒体的照片，应该都是年轻时照的吧。岁月真不饶人，她应该早日回家含饴弄孙了。"他在说话之前或之后，都会加上一句："我这人不说假话，说话一向很直接。"

说话不带脏字，但人人都觉得被羞辱了，这种人在话锋上似乎占了上风，却会遭到别人私下的鄙夷："此人不宜深交。"

我们身边这样的人不在少数，他们总以正义之士自居，看什么都不顺眼，什么都要批评，完全不留情面。其实，说话不是说给自己听的，而是说给别人听的。既然如此，这种人为什么就不能考虑一下别人听了这些话会有什么样的感受呢？

春秋战国时期，齐国的中大夫夷射，有一晚参加齐王的酒宴，喝多了酒，带着醉意退出宴席，靠在庭院的门边喘气。守门的士兵看到这种情形说：

"大夫，您今天喝得真痛快，如果您能留一些酒给小人喝，那该有多好啊！"

夷射听了生气地骂道："你只是一个看门的贱人，凭什么来跟我要酒喝？"

守门人很沮丧地走开，等到夷射离开之后，趁着四下无人，故意倒一些水在门边，好像有人小便似的。

第二天一早，齐王经过这里，很生气地责备："到底是谁在这里小便？"

守门人说："我知道昨天晚上夷射大人曾经站在这里，除此以外就没有其他的人经过这里了。"

齐王马上下令放逐夷射。

所谓"良言一句三春暖，恶语伤人六月寒"，说话的方式有很多，越是温文尔雅的人，越是能让人得到内心的圆满和安宁。所以，待人平和一些吧，说话也别再刻薄了。

打人莫打脸，骂人莫揭短

在中国，有所谓"逆鳞"的说法：巨龙脖子下都有巴掌大小的一块白色鳞片，呈月牙状，即俗称"逆鳞"。这是龙身上最痛的地方，如果谁不小心触摸到这一部位，必定会被激怒的龙所杀。

事实上，无论多么高尚伟大的人，身上都有"逆鳞"存在，这就是每个人的缺点和自卑感。一旦这个痛处被人击中，轻则拍案而起、骂声不绝，重则兵戎相见、血流成河。所以，有一句俗话说：打人莫打脸，骂人莫揭短。

朱元璋出身贫苦，后来做了皇帝。一天，他少时的一位朋友从乡下赶到京城去找他，他对朱元璋说：

"我主万岁！当年微臣随驾扫荡庐州府，打破罐州城，汤元帅在逃，拿住豆将军，红孩儿当关，多亏菜将军。"

他说的话很好听，朱元璋心里当然很高兴。回想起来，也隐约记得他的话语里像是包含了一些从前的事情，所以，立刻就封他为大官。

另外一个旧友得知了这个消息，他心想："同是那时候一块儿玩的人，他去了既然有官做，我去当然也不会倒霉的吧？"他也就去了。

一见朱元璋的面，他就直通通地说：

"我主万岁！还记得吗？从前，我们两个都替人家看牛，有一天，我们在芦花荡里，把偷来的豆子放在瓦罐里煮着。还没等煮熟，大家就抢着吃，罐子都被打破了，撒下一地的豆子，汤都泼在泥地里。你只顾从地下满把抓豆子吃，不小心把红草叶子也一起吃进嘴里了，叶子哽在喉咙口，苦得你直跳脚。还是我出的主意，叫你用青菜叶子放在手上一并吞下去，这样红草的叶子才一起下肚了……"

这位老兄还在那里喋喋不休时，宝座上的朱元璋已经坐不住了，心想，此人太不知趣，居然当着文武百官的面揭我的老底，让我这个当皇帝的脸往哪儿搁？盛怒之下，朱元璋下令把这个穷哥们儿杀了。

孔子云："为尊者讳耻，为贤者讳过，为亲者讳疾。"一个人，无论他原来的出身多么低贱，有过多么不光彩的经历，一旦当上了大官，爬上了高位，他身上便罩上了光环，变得神圣起来。往昔那见不得人的一切，要么一笔勾销，永不许再提；要么重新改造、重新解释，赋予新的含义。那位穷哥们儿哪懂得这一点，自以为与朱元璋有旧交，居然当众揭了皇帝的老底，触犯了"逆鳞"，岂不是自找倒霉吗？

朱元璋本是乞丐出身，当过和尚，后来又参加推翻元朝统治的红巾军起义。做了皇帝后，这些经历在朱元璋看来都是卑微可耻的。朱元璋因当过和尚，对"光""秃"一类的字眼十分忌讳；因红巾军被统治者说成是"贼""寇"之类的组织，朱元璋便对这些字眼极为反感。有一件事就说明了这点。杭州徐一在《贺表》里写了"光天之下，天生圣人，为世作则"几个字，朱元璋读了勃然大怒，说："生者僧也，骂我当过和尚；光是削发，说我是秃子；则者近贼，骂我做过贼。"于是，立即下令把徐一处死。

无论是圣贤还是小人，通常都对自己的忌讳极为敏感。由于心理作怪，人们往往把别人的无意当有意，把无关的事主动与自己联系。正所谓"说者无意，听者有心"，有时候，你闲聊时随便说的一句话，也可能被他人当做挖苦和讽刺。

有个人请客，看看时间过了，还有一大半的客人没来。主人心里很焦急，便说："怎么搞的，该来的客人还不来？"一些敏感的客人听到了，心想："该来的没来，那我们就是不该来的？"于是悄悄地走了。

主人一看又走掉好几位客人，越发着急了，便说："怎么这些不该走的客人反倒走了呢？"剩下的客人一听，又想："走了的是不该走的，那我们这些没走的倒是该走的了！"于是又都走了。

最后只剩下一个跟主人较亲近的朋友，看了这种尴尬的场面，就劝他说："你说话前应该考虑一下，否则说错了，就收不回来了。"主人大叫冤枉，急忙解释说："我并不是叫他们走哇！"朋友听了大为光火，说："不是叫他们走，那就是叫我走了。"说完，头也不回地离开了。

《菜根谭》中有句话："不揭他人之短，不探他人之秘，不思他人之旧过，则可以此养德疏害。"世间没有十全十美的人，凡人皆有其长处，也有短处。被击中痛处，对任何人来说，都不是一件愉快的事。无论是他人做的错事，或是身上的缺陷，千万不能用言语加以攻击。人们常说瘸子面前不说短、胖子面前不提肥、东施面前不言丑，一旦你不小心，触碰到了别人身上的"逆鳞"，他一定会进行反击，而这对于你是没有任何好处的。

失意人面前不提得意之事

刘墉在《股市名嘴换人做》一文中讲了这样一个故事：

王经理、小张、小王、小邱等人一起炒股。刚开始的时候，"铁嘴"王经理每猜必中，所以其他人便把王经理奉若神明，王经理买什么，大家跟着买什么。时间一长，王经理渐渐变得飘飘然起来，说自己炒股获利完全得益于"第六感"。

奇怪的是，自从说了"第六感"之后，王经理每炒必亏。连着两个礼拜，王经理说哪只股票涨，哪只就暴跌。这自然引起了众人的质疑。质疑的结果是：以小张为首的众人成立了炒股"自救会"，集众人智慧炒股。而失落的王经理这边，只有小邱一人对他的态度依然如故。当炒股"自救会"收盘高呼时，小邱与王经理黯然神伤；当炒股"自救会"举行庆功宴时，小邱与王经理躲在角落吃便当。

同事也私下劝小邱，别再跟着王经理下单，他的第六感不准了。可是小邱不听，依然故我。

王经理终于垮了，据说欠了两千多万，债主到公司来吵，他自己向总经理递了辞呈。

小邱居然没垮，还升了官，从他角落的位子搬进了经理室。总经理的秘书私下透露，因为王经理向老总极力推荐小邱，说小邱对业务最了解，也最认真。

"这不是谁推荐，是我亲眼所见。"总经理自己作了澄清，"我好几次中午下来，看见只有王经理和小邱两个人留在办公室，吃便当，谈事情。"总经理拍拍小邱，"这，假不了！"

小邱的成功正是因为他运用了人性的善，懂得怎样安慰一个失意的人。弘一法师曾写过一副对子："对失意人莫提得意事，处得意日莫忘失意时。"的确，人人都会经历人生的低谷，人人都会遇上不如意的时候。这时，在失意的朋友面前炫耀自己的得意之事，无异于把一根针狠狠地插在别人心上。这样既伤害了朋友，对自己也没有什么好处。

所谓"木秀于林，风必摧之；堆出于岸，流必湍之；行高于人，众必非之。"不管你的成就有多高，人有多么优秀，都要学会审时度势，绝对不能在众人面前展露出你高傲的姿态，特别是在失意者面前，应尽量保持一颗平常心，对失意者多点同情和理解，只有如此，你的得意才能持久，你的朋友才会更多。

汪洋在云峰经纪公司企划部已经工作6年了，可谓公司元老级的人物，也做出了好几次漂亮的策划，深受公司重用。而新来的吴哲则不同，他原先在一家广告公司做文案，刚跳槽过来做企划不久，论经验、谈资历、比悟性，都比汪洋逊色许多。

有一次，公司要搞个啤酒节的活动，于是宣传、策划的任务自然地就落到了汪洋、吴哲二人的身上。部门领导为充分调动大家的积极性，做到集思广益，博采众长，便要求每位策划专员都要拿出一份详尽的企划报告，并激励大家，谁的方案最终入选，将会有红包。结果，汪洋当仁不让，拔得头筹。

拿到红包之后，汪洋自然没忘了一帮哥儿们，他特邀大家去馆子撮一顿。席间，吴哲看起来心情极差，所以大家都尽量避免谈与工作有关的事。可是，三杯酒下肚，汪洋就得意扬扬起来，开始滔滔不绝："自从主管布下这个任务的那一刻起，我就预感到，胜利非我莫属！为什么？哥们儿来这里都6个年头了，什么方案最能获得领导青睐，什么方案驴头不对马嘴，我一瞧就八九不离十了。哈哈，比如老吴，他那方案，好则好矣，但太不切合实际了，出局在所难免……"

吴哲本来就苦闷至极，听了汪洋这番话，怒火噌地就上来了，他握着酒瓶站起身来，对汪洋怒目而视："闭上你的臭嘴，老子今天扎了你！"汪洋一个激灵，酒瞬时醒了许多。幸好旁边的同事及时拦住，才避免了一起同事相残的悲剧。

人在得意之时难免张扬，但在谈论得意之事时，要注意场合和对象。你可以对你的家人谈，让他们以你为荣，也可以对你的下属谈，享受他们投来的钦羡目光，但就是不能对失意的人谈，因为失意的人最脆弱，也最敏感。汪洋就是太过春风得意，完全忽略了他人的感受，用自己的得意激化了他人的失意，造成了朋友之间的裂痕。

所以，当你处于顺境时，与人交谈一定要考虑到对方的心情，切忌在失意的人面前炫耀，以免无意中伤害了别人的自尊心。

那么，在面对失意的朋友时，正确的做法是什么呢？

◎尊重对方

时刻想着对方，不要做有伤别人面子的事情，不管对方是大人物还是小人物，这样可以避免你的人际关系出现问题。

◎给予对方真诚的关心

朋友的关心和爱护能帮助处于困境中的人，能使他们有勇气从头再来。我们可以适当地给予其物质和精神上的帮助，使他尽快走出人生的低潮期。

◎小心驶得万年船

失意的人一般很敏感，稍有风吹草动便以为是针对自己，表现得多疑、善变，情绪不稳定。因此说话时要尽量避免说与其有关的话题，更不要说刺激他的事情，要尽量说一些安慰、鼓励的话。

会说的不如会听的

古希腊先哲苏格拉底说：上天赐人以两耳两目，但只有一口，欲使其多闻多见而少言。寥寥数语，形象而深刻地说明了"听"的重要性。

每个人都渴望获得他人的认可，无论是国家元首、世界首富，还是流浪汉、乞丐。因此，要获得别人的喜欢或敬重，你最好在自己想说什么事情前，知道他们会说什么。说话之前先倾听，不仅能避免乱说话，同时还是一种能够获得他人认可的极具力量的方式。

林克莱特是美国知名的主持人，一天，他访问一名小朋友，问他说："你长大后想要当什么呀？"小朋友天真地回答："嗯，我要当飞机驾驶员！"林克莱特接着问："如果有一天，你的飞机飞到太平洋上空所有引擎都熄火了，你会怎么办？"小朋友想了想："我会先告诉坐在飞机上的人绑好安全带，然后我挂上降落伞跳出去。"

此言一出，底下的人哄堂大笑。林克莱特忍住了笑，继续注视着这孩子，想看他是不是自作聪明的家伙，没想到孩子的两行泪水夺眶而出，这才使得林克莱特发觉这孩子其实有自己的想法。于是林克莱特问："为什么你要这么做？"小孩的答案透露了他真挚的想法："我要去拿燃料，我还要回来！"

这就是"听的艺术"。善于倾听，对别人来说，是一种尊重，一种恭敬；对自己来说，是一份力量的摄取，一份智慧的转移；对双方来说，是一种理解，一种沟通。说是表达的基础，但过分的言说，却是嘴巴张开的陷阱。有些人在求人时，自己滔滔不绝地唠叨个没完，一遍遍地诉苦，没完没了地恭维对方，以为这样就能博取对方的好感，殊不知这样是很无礼的。

所以，求人办事一定要把握"说三分，听七分"的原则，要管住自己的嘴巴，竖起自己的耳朵。要想达到目的，首先要当个好听众。如果你不听对方说些什么，而只一味地谈自己的事，并不停地对对方说"劳你大驾，请你帮忙"之类的话，只会让人感到不耐烦。

那么，如何才能做到有效地倾听呢？以下提几点建议：

◎保持耳朵的畅通

世界上的难事之一便是闭上嘴巴，假如你不闭上嘴巴，便无法张开耳朵，同样也不会听到别人在说什么。所以千万要记住，千万不要太忙于说话，要学会"听话"。在你与人的交谈中，当你发现自己说话的时间超过了40%，那就必须当机立断：闭嘴！

◎配合表情和恰当的肢体语言

当你与人交谈时，对对方活动的关心与否直接反映在你的脸上，所以，你无异于是他的一面镜子。

光用嘴说话还难以造成气势，所以必须配合恰当的表情，用嘴、手、眼、心等各个器官去说话。但要牢记切不可过度地卖弄，如过于丰富的面部表情、手舞足蹈、拍大腿、拍桌子等。

◎协助对方把话说下去

这一点很重要，因为别人说了一大通以后，如果得不到你的回应，尽管你在认真地听，对方也会认为你心不在焉。

在对方话语的不紧要处，不妨用一些很短的评语以表示你在认真地倾听，诸如"真的吗？""太好了！""告诉我是怎么回事？""后来呢？"这些话语会使对方兴趣倍增。

《射雕英雄传》中有这样一个细节：周伯通在给郭靖讲故事时，见他不大起劲，说道："你怎么不问我后来怎样？"郭靖道："对，后来怎样？"周伯通道："你如不问后来怎样，我讲故事就不大有精神了。"郭靖道："是，是，大哥，后来怎样？"

◎不要插嘴

在别人讲话的时候，如果你自作聪明，用不相干的话把别人的话头打断，这是会引起对方的愤怒的。

◎用心听要听全面

加州大学精神病学家谢佩利医生说，向你所关心的人表示你可能不赞成他们的行为，但欣赏他们的为人，这一点很重要。仔细聆听能帮助你做到这一点，认真听，并且要听全面而不是支离破碎的话语，否则会妄加评说，影响沟通。

◎避免虚假的反应

在对方没有表达完自己的意见和观点之前，不要做出比如"好，我知道了""我明白了""我清楚了"等反应。这样空洞的答复只会阻断你认真倾听对方的讲话或阻止了对方进一步的解释。

在对方看来，这种反应等于在说"行了，别再啰唆了"。如果你恰好在他要表达关键意思前打断了他，对方可能会大声反抗："你知道什么？"那就很不愉快了。

聆听是表示关怀的行为，是一种无私的举动，它可以让我们离开孤独，进入亲密的人际关系，并建立友谊，为求人办事提高成功率。

希腊船王奥萨斯是一个百万富翁，他征服了改变了世界歌剧历史的天才女歌唱家玛丽亚·卡拉斯，又娶了美国前总统肯尼迪的遗孀杰奎琳。这个有名的花花公子在接受记者采访时，被问到他如何获得女人的喜爱时，他的回答很简单："当她们说话时，我在听！"

CHAPTER SEVEN

礼多人不怪

一点"小意思"

- ◉ 有礼走遍天下，无礼寸步难行
- ◉ 礼出有名，送之有术
- ◉ 八面玲珑是这样练成的
- ◉ 剑走偏锋：走"边缘人"路线
- ◉ 锦上添花不如雪中送炭
- ◉ 个性送礼，让别人记住你的礼物
- ◉ 酒桌上求人，不行也行

有礼走遍天下，无礼寸步难行

中国具有五千年文明历史，素有"礼仪之邦"之称，中国人也以其彬彬有礼的风貌而著称于世。儒家认为，君子必须掌握六种基本才能——"礼、乐、射、御、书、数"，其中，"礼"排在第一位，跟智力、体魄等因素同等重要。

"礼"不仅代表某种物质的东西，也是一种抽象的形式，前者我们谓之礼物，后者我们谓之礼仪。我们在探望病患时须带上礼物，朋友交往时须使用礼物，与商人、政治家交往时也须使用礼物；我们讲究礼仪，以别尊卑之秩，我们在与对象交往时，与交往对象之间的关系或平等、或尊贵或卑下，是通过礼仪表现出来的。

《论语》里记载，有人问孔子，怎样才能成为一名君子呢？孔子回答说："兴于诗，立于礼，成于乐。"

孔子自己就是这么教孩子的。有一天，孔子站在院子里，他的儿子孔鲤从庭前经过，孔子便叫住孔鲤问道："你开始学诗了吗？"孔鲤回答说没有。于是孔子说："不学诗，怎么会说话呢？"于是孔鲤开始努力学诗。

又一天，孔子又在院中看见儿子从面前经过，于是又叫住他问道："你开始学礼了吗？"孔鲤回答说没有。孔子于是教训说："不学礼，不知礼，怎么能立身于世呢？"于是孔鲤开始努力学礼。

孔子本人是一个特别懂"礼"也特别讲"礼"的人，"礼"已经渗透到他的一言一行之中，变成了他终生不变的信条，甚至可以说是他生命的一部分。无论遇到什么人、什么事，他都能很自然地做得恰到好处。

他是如何讲"礼"的呢？比如，他乘车出门，遇到两人以下，他会站在车上行礼；遇到三人以上，他就会下车行礼。"升车，必正立执绥。车中，不内顾，不疾言，不亲指。"指的是上车时，一定会端正身子，抓着带子，稳稳地上去。坐在车里面，不东张西望，不大声说话，不指指点点。

关于孔子讲"礼"的内容还有很多，由此我们可以看出，他是将做人、办事、享乐、养生等一切行为都融于"礼"中，不愧是一个真正的绅士。

礼仪不是繁文缛节，不是阿谀奉承。礼仪是人类文明的标尺，是一个人美好心灵的展现。所谓"礼之用，和为贵"，礼可以说无处不在，恰当地运用礼，会获得他人乃至社会的认可，反之则会遭到他人乃至社会的排斥。

◎与人交谈礼仪

我们要避免使用气话、粗话、脏话，这些不但有失身份、让人反感，而且不利于营造和谐的谈话气氛。

在常用的礼貌用语外，我们也可以用这些惯用语：

初次见面说"久仰"，向人请教说"赐教"；

好久不见说"久违"，请人让道说"借光"；

客人到来说"光临"，请人帮忙说"劳驾"；

等待客人说"恭候"，托人办事说"拜托"；

探望别人说"拜访"，送人作品说"斧正"；

起身作别说"告辞"，夸人见解说"高见"；

中途退场说"失陪"，麻烦别人说"打扰"；

请人别送说"留步"，请人谅解说"包涵"。

◎自我介绍礼仪

可一边伸手跟对方握手，一边作自我介绍，也可主动打招呼说声"你好"来引起对方的注意，眼睛要注视对方，得到回应再向对方报出自己的姓名、身份、单位及其他有关情况，语调要热情友好，态度要谦恭有礼。

◎与人握手礼仪

握手是沟通思想、交流感情、增进友谊的一种方式。握手时应注意不用湿手或脏手，不戴手套和墨镜，不交叉握手，不摇晃或推拉，不坐着与人握手。

握手的顺序一般讲究"尊者决定"，即待女士、长辈、已婚者、职位高者伸出手之后，男士、晚辈、未婚者、职位低者方可伸手去呼应。平辈之间，应主动握手。若一个人要与许多人握手，顺序是：先长辈后晚辈，先主人后客人，先上级后下级，先女士后男士。握手时要用右手，目视对方，表示尊重。男士同女士握手时，一般只轻握对方的手指部分，不宜握得太紧太久。右手握住后，左手又搭在其手上，是我国常用的礼节，表示更为亲切，更加尊重对方。

◎接听电话礼仪

电话铃响后，要迅速拿起电话机问候"您好"，自报家门，然后询问对方来电事由。要认真理解对方意图，并对对方的谈话作出积极回应。应备有电话记录本，对重要的电话做好记录。电话内容讲完，应等对方放下话筒之后，自己再轻轻放下，以示尊敬。

◎接受名片礼仪

接受名片时应起身，面带微笑注视对方。接到名片时应说"谢谢"并微笑阅读名片。然后回敬一张本人的名片，如身上未带名片，应向对方表示歉意。在对方离去之前或话题尚未结束，不必急于将对方的名片收起来。

◎乘车行路礼仪

工作人员在陪同领导及客人乘车外出时，要主动打开车门，让领导和客人先上车，待领导和客人坐稳后再上车，关门时切忌用力过猛。一般车的右门为上、为先、为尊，所以应先开右门，陪同客人时，要坐客人的左边。

◎进餐礼仪

尊重服务员的劳动，对服务员谦和有礼。当服务员忙不过来时，应耐心等待，不可敲击桌碗或喊叫。对于服务员工作上的失误，要善意提出，不可冷言冷语，加以讽刺。

礼出有名，送之有术

科长上领导家拜年，呈上红包时，领导问：你这是什么意思？

科长：没什么意思，只是意思意思！

领导：都在一个单位的，你这样就不够意思了。

科长：承蒙您关照，真的只是点小意思。

领导：哈哈，你这个人真有意思！

科长：其实真没别的意思！

领导：那我就不好意思了。

科长：哪里，是我不好意思啊！

这大概是个只有中国人才能够看懂的笑话，也只有中国人才能明白短文中每一个"意思"的含义。在中国，求人办事送礼已经是一件很平常的事情。

可是，求人办事为什么要送礼？这是因为，"利"和"礼"是联系在一起的。所谓"无商不利""无利不起早"，在现今社会，凡是跟人交往就不能不懂得送礼之道。礼品是跟同事、上司及客户维系良好关系的润滑剂，相对于其他公关手段，礼品具有明确的指向性和不错的回报率，因此，"全民皆礼"已经形成一种文化。

在中国古代，礼不仅是一种美德，还是一种官场政术，更是一种秩序。

有这样一个故事：明朝后期，一位官员调到某地担任县令。上任的第二天，他便贴出了一张告示。这告示跟工作无关，而是一份通知书。告示说：

明天是本老爷的生日，本老爷非常喜欢热闹，所以衙门上下的人一定要来，但前提是不许送礼物。告示一贴出，衙门里的书吏、杂役纷纷聚在一起猜测这告示背后的含义。一些初入官场的人简直就要拍案称快，认为这是一个难得的清官；只有一个在官场混了很久的书吏微微一笑道："这礼肯定是要送的，如果不让送为何还要出告示，告诉我们他的生日？"书吏、杂役这才醒悟过来，点头称是。于是大家凑钱铸了一个金鼠送给了这位县官，果然，这位县官大喜，说："我夫人小我一岁，是属牛的。"大家听了心里全都明白，看来过不了几天就得再给县官送一头金牛了。

这个故事背后其实隐藏了官场的一项规则：绝大多数上司都喜欢收礼。古人云："衣人之衣者，怀人之忧。"意思是说：穿了别人的衣服，怀里就会装着别人的心事或隐忧。换句话说，收下了别人送来的礼物，就得为别人办事。所以，想要在官场上如鱼得水，就要学会送礼，因为礼尚往来的回报很可能就是自己想要的升官之职位。

送礼既然是一门艺术，自然也会有其约定俗成的规矩，送给谁、送什么、怎么送都是一种技巧，绝不能瞎送、胡送、滥送。根据古今中外一些成功的送礼经验和失败案例的教训，我们应该注意下列原则：

◎ **理由很重要**

送礼，总要在说法上有个由头，才好送出去。比如逢年过节、对方生日或子女升学等特别的日子，是送礼的最好时机，因为这时"师出有名"，名正言顺，显得水到渠成，顺理成章。

如果你实在找不到什么理由，可以拿家人当挡箭牌。比如，你可以这样说："我爱人说啥也要让我拿来不可。既然拿来了，就先搁这儿吧，要不然，我爱人准得埋怨我不会办事，回到家也交不了差。"

◎ **事前事中不送事后送**

事前事中送礼属于赤裸裸的权钱交易，有时会让对方反感甚至造成误会；事后送礼则不同了，说不定领导还会感激你知恩图报，下次有"好事"，领导还会招呼你。

◎态度友善，言辞勿失

送礼时，态度比礼品本身重要。平和友善、落落大方的动作并伴有礼节性的语言表达，才是受礼方乐于接受的。那种将礼品悄悄置于桌下或房间某个角落的做贼式的做法，不仅达不到馈赠的目的，甚至会恰得其反。在对所赠送的礼品进行介绍时，应该强调的是自己对受赠一方所怀有的好感与情义，而不是强调礼物的实际价值，否则，就落入了重礼而轻义的地步，甚至会使对方有一种接受贿赂的感觉。

◎送礼间隔适宜

送礼的时间间隔也很有讲究，过于频繁或间隔过长都不合适。送礼者可能手头宽裕，或求助心切，便时常大包小包地送上门去，有人以为这样的大方，一定可以博得别人的好感，细想起来，其实不然。因为这样频繁的送礼目的性太强。

◎不送对对方有害的礼品

由于种种原因，人们会忌讳某些物品。比如，高血压患者不能吃含高脂肪、高胆固醇的食品，糖尿病患者不能吃含糖量高的食品。如果送错误的礼品，对方反而会认为你不尊重他。

◎了解风俗禁忌

送礼前还应该了解受礼人的身份、爱好、民族习惯等，免得送礼送出麻烦来。

曾经有个倒霉蛋去医院看望病人，带去一袋苹果以表慰问，正巧那位病人是个上海人，上海方言里"苹果"跟"病故"二字发音相似，送苹果岂不是咒人家病故？由于那个送礼人不了解情况，最后弄得不欢而散。

鉴于此，送礼时，一定要考虑周全些，以免节外生枝。例如，送礼不要送钟，因为"钟"与"终"谐音，会让人觉得是不吉利的；送"双"不送"单"，中国普遍都有"好事成双"的说法，因此，凡是大喜大贵之事，所送的礼必须都是双份。

八面玲珑是这样练成的

送礼作为社交活动中的重要手段之一，无论是在东方还是西方，都受到人们的称道。正所谓"先礼后利，有礼才有利"才是得体恰当的送礼，恰似无声的使者，通过这一方式把你所需表达的感情送到对方的心坎里，从而达到求人办事的目的。

很多人都把送礼当做一种精神负担，事到临头，才急匆匆地跑到礼品店，随便买上一件礼物，往对方手里一塞，说上几句祝贺的话，然后匆匆溜掉。至于受礼者后来把这件令人兴味索然的礼物塞到哪里，他们是毫不关心的。这样一来，往往是金钱已花，事没办成，真可谓"赔了夫人又折兵"。

所以，求人送礼要讲策略，不能盲目莽撞，以礼压人，一定要巧妙掌握送礼的技巧，才能为整个送礼的过程画上一个漂亮的句号。

送礼的学问非常多，下面列出一些常见的，也是比较有效的送礼技巧：

◎锦上添花

一位美术系的学生受老师恩惠颇多，一直想报答却苦无机会。一天，他偶然发现老师红木框里的字画竟是拓片，跟室内雅致的陈设不太协调。正好，他的叔叔是当地小有名气的书法家。这位学生马上向叔叔索要了一幅字画，送给老师。老师喜爱非常，这样送礼回报的目的也达到了。

◎暗度陈仓

如果你送的是酒一类的东西，不妨说是别人送你两瓶酒，来和对方对饮共酌，这样喝一瓶送一瓶，礼送了，关系也近了，还不露痕迹，岂不妙哉。

◎移花接木

小魏有事要托老王办，想送点礼物疏通一下，可是又怕老王拒绝。正好小魏的妻子跟老王的太太很熟。小魏搞起了夫人外交，让妻子带着礼物去拜访，一举成功——事也办了，礼也收了，两全其美。

◎借花献佛

如果你送的是土特产，你可说是老家来人捎来的，分给朋友尝尝鲜，东西不多，又没花钱，不是特地给他买的，请他收下。一般来说受礼者的拒礼心态会大为缓和，最后多会收下你的礼物。

◎醉翁之意

假如你是给家庭困难者送些钱物，有时他自尊心很强，轻易不肯接受。你若送的是物，不妨说："这东西放在我家也是闲着，你先拿去用，日后买了再还。"受礼者会觉得你不是在施舍，日后会还，会乐意接受的。这样你送礼的目的也达到了。

◎烘云托月

有时你想送礼给人，而受礼者又跟你八竿子打不着，你不妨选受礼者的诞辰或婚日，邀上几位熟人一同去送礼祝贺，那样受礼者就不会拒绝了。当事后知道这个主意是你出的时，必将改变对你的看法。借助大家的力量达到送礼联谊的目的，实为上策。

◎以晚辈人的身份

某局长在一个重要部门工作，很有实权，但他为人正直，从不接受馈赠，对送上门的礼物，不是拒绝，就是等价退还。因此，来他这儿送礼的人，大多被弄得很尴尬。

一位职员来到他家做客，说："局长，您儿子跟我差不多大吧？他有您这样一位健康的父亲，可比我幸福多了。我前几年不知道体贴家父，结果家父得了病。唉，正所谓'子欲养而亲不待'。局长您都50多岁了，千万要注意身体。否则，您的儿子一定会很难过的！这些补品就算是晚辈对您的一点孝敬，请注意身体。"经他这么一说，这位局长很受感动，最后不仅收了礼，而且对这个年轻的职员产生了很深的印象。

送礼的学问非常深，以上这些送礼的技巧只是冰山一角，在具体操作时还需要融会贯通，随机应变。

剑走偏锋：走"边缘人"路线

潘祖荫是清咸丰二年的进士，大书法家，并历任工部、刑部、礼部尚书，最高时做到军机大臣。一次，潘祖荫邀请诸位同僚来家里玩麻将，边玩边聊天。当聊到某地方的一个提督时，潘祖荫对这人满口称赞，说此人忠肝义胆，德才兼备。

同僚李文田听了不免有些好奇，就问潘祖荫："此人有什么功绩？"潘祖荫说："这我不甚清楚。"李文田又问："此人的长相如何？"潘祖荫又说："没有见过。"

众人皆奇，不知其功，不曾见面，却说这人有德有绩，这是为什么呢？潘祖荫自己说明了原因："家父夸他送的鼻烟很好，我就知道此人不错。"

仅凭一个鼻烟，潘祖荫就对没有见过面的地方提督作了这么高的评价。由此可见礼品在官场上起到的重要作用。

求人办事，这个礼能否送得出去，是一件很费心的事。无论对方婉言谢绝还是事后退回，都会使求人者尴尬不已。

那么，怎样才能马到成功呢？教你一招——走对方家人路线。

求人办事，所求之人一般是年富力强的角色，刚好是"上有老，下有小"的年纪，所以在必要的时候，走一下对方的妻子、老人、孩子路线，迂回接近目标，拉近彼此的感情，不失为一个好方法。

有这样一个例子，美国电影《E.T》上演后，在社会上轰动一时。有位先生去拜访他的朋友，就买了E.T的模型送给对方两个3岁和5岁的孩子，结果小孩子们异常高兴，从那时起就称这位先生为"E.T伯伯"，而且每次去都受到他们一家人的欢迎。

有句话说："射人先射马，擒贼先擒王。"用来形容这种情形，或许不是十分适当，但事实就是如此，有时送对方本人喜欢的东西，还不如送其家人喜欢的东西，更能加深对方对你的好感。

幽默大师林语堂说："中国一向就是女权社会，女人总是在暗地里对男人施加影响，左右着男人的心理情绪和处世态度，无形中便决定了事态的发展。"所以，一些老谋深算者在找人办事时，专门利用女人做些文章，结果事半功倍。

利用"枕边风"达到求人的目的，这种做法古已有之。历览二十五史，此类故事比比皆是。

西汉初年，汉高祖刘邦亲率大军与匈奴交战。刘邦求胜心切，轻敌冒进，带少量骑兵追击敌军，不料却中了匈奴埋伏，被迫困守白登山。后续部队被匈奴军队分头阻挡，无法前来解围，形势万分危急。

眼见汉军粮草日渐减少，将士伤亡却不断增加，刘邦急得像热锅上的蚂蚁，坐立不安。

刘邦的智囊、开国功臣陈平此次也随刘邦出征，连日以来，他无时不在苦苦思索突围之计。一天，他正在山上观察敌营动静，突然发现山下敌军中一男一女在共同指挥匈奴兵操练。经了解得知那是匈奴王冒顿单于和他的夫人阏氏。

他眉头一皱，从阏氏身上想出一条退敌妙计。

随后，陈平派一名使者，带着金银珠宝和一幅图画秘密地去见阏氏。使者用高价买通了阏氏帐下的侍者，得到进见阏氏的机会。

见到阏氏后，使者呈上礼物说："这些珠宝都是大汉皇帝送给您的，大汉皇帝瞻仰夫人风范已久，这些礼物请您务必收下。"

阏氏被这份厚礼打动了，全部收下了。

紧接着，使者又献上一幅图画，打开一看，原来上面画的是一位美艳异常的少女。使者说："大汉皇帝怕匈奴王不答应讲和，准备把中原第一美人献给他。这就是她的画像。请您先过目。"

阏氏接过画像一看，画上的美女就像天仙一般漂亮，她想，如果自己的丈夫得到如此美丽的中原女子，还有心思宠爱自己吗?想到这里，她摇着头说："这用不着，拿回去吧!我请单于退兵就是了。"

使者卷起图画，告辞了。

阏氏送走汉军使者后，立即去见匈奴王，她说："听说汉军的援军距此不远了，这里的汉军阵地又攻不下来。一旦他们的援军赶来，咱们就被动了。不如接受汉朝皇帝讲和的条件，乘机向他们多要些财物。"

匈奴王此时也是骑虎难下，于是同意了夫人的意见。后来，双方经过谈判，达成了停战协议。

俗话说："一把钥匙开一把锁。"再精密的锁，也有能伸入它心脏的钥匙。如果当面求人办事有些麻烦，那么他身边的人就是帮你渡过难关的突破口。

锦上添花不如雪中送炭

陈寿《三国志》记载："袁术欲以周瑜为将，瑜观术终无所成，故求为居巢长，欲假涂东归，术听之。"说的便是庐江英杰周瑜，使用屈任居巢长的权宜之计，伺机归吴，图谋大业。

一日，周瑜奉命率数百人外出执行特殊任务，不料撞上曹操大部队。眼看了无胜算，周瑜无论如何也不能眼睁睁地将自己的人马送到曹军刀下，只好调转方向，而曹操部队却穷追不舍，大有赶尽杀绝之意。

周瑜率残兵败将退到临淮东城，眼看粮断草绝，即将走投无路。这时，有人献计，说附近有个财主叫鲁肃，他家向来富裕，而且此人乐善好施，不如去问他借粮。

周瑜带上人马登门拜访鲁肃，刚刚寒暄完，周瑜就直接说："不瞒老兄，小弟此次冒昧造访，是为借粮而来。"

鲁肃一看周瑜丰神俊朗，神采非凡，知其日后必成大器。他根本不在乎周瑜现在只是个小小的居巢长，哈哈大笑说："此乃区区小事，我答应就是。"

鲁肃亲自带周瑜来到粮仓，这时鲁家存有两仓粮食，鲁肃大手一挥："也别提什么借不借的，我把其中一仓送与你好了。"周瑜被鲁肃的言行深深感动了，由此两人结下深厚的友谊。

后来周瑜渡江奔吴，当上了都督，他牢记鲁肃的恩德，将他推荐给孙权。从此，周瑜与鲁肃忠心为吴，成就了千秋大业。

一个人在困厄消沉中时，若有人向他伸出援助之手，此人必定感激涕零。人对金钱的标准，往往也因状况不同而有很大差异。因此会送礼的人懂得，"雪中送炭"远比"锦上添花"更有意义。

"锦上添花"只是喜上加喜，少你一个不少，多你一个不多，很难给对方留下深刻的印象；而"雪中送炭"却是在对方患难之时伸出援手，必定会让对方感恩戴德，来日你有求于他时，他必定鼎力相助。

某公司副总对员工十分严格，平日里总是冷冰冰的，所以员工大多都不喜欢他。有一次，他病重住院，公司暂时将他停职。员工们表面表示同情，暗地里却高兴得很，没有一个人去医院探望他。他的一名下属觉得这样对他太过残忍，就买了点儿水果去看望他。副总大为感动，眼泪差点掉下来。病好之后，他大力栽培这个下属。后来自己升职，他力排众议，将他提拔为部门经理。

常言道："滴水之恩，当涌泉相报。"其实，这"滴水之恩"也是要分场合的，如果当你的领导处境艰难时，你能够"雪中送炭"，那么在将来他必然会回报于你。所以说，送礼要找对合适的场合，送得多不如送得巧。

著名的红顶商人胡雪岩既善于经商，也善于经营自己的关系网。他曾经说过这样一句话："给当官的送钱事情虽然简单，但里面很有学问，门道很多，一定要会送。所谓善送者，'雪中送炭'也，必可'钓大鱼'；不善送者，大冷天送折扇，白当'冤大头'也。"

胡雪岩接管阜康钱庄时，钱庄并没有多少本钱，但他出手阔绰，人们都以为阜康的实力很雄厚。有一天，浙江藩司麟桂捎来一封信，想找阜康钱庄暂借两万两银子。胡雪岩那个时候对麟桂也只是听说而已，两人并无交情，并且他听别人说麟桂马上就要调离浙江，因此这次借钱很可能是用于填补他在财政上的空缺，而此时的阜康钱庄刚刚开业，包括同业庆贺的"堆花"也不过四万现银。

这个要求让胡雪岩很为难。借给他，人家一走，岂不是肉包子打狗——

有去无回？即使人家不赖账，像胡雪岩这样的人，也不可能天天跑到官府去逼债。而且这时候的两万两银子，对阜康来说也是一笔不小的数目。

根据"人在人情在，人去人情坏"的原则，一般的钱庄老板大都会打马虎眼，用几句场面话应付过去。或者就算肯出钱救麟桂之急，也是利上加利，活生生把那麟桂剥掉几层皮。

但精明的胡雪岩却是这样想的：假如在人家困难的时候，帮着解了围，人家自然不会忘记，到时利用手中的权势，行个方便，何愁两万两银子拿不回来？况且，他听别人说，麟桂这个人也不是那种欠债不还、耍死皮赖的人。

想明白后，胡雪岩决定"雪中送炭"。他不惜动用钱庄的"堆花"款项以超低利率，悉数把钱贷给麟桂。

胡雪岩这一宝，算是押对了。麟桂临走前，送了阜康钱庄三样礼物：

其一，找到名目，请朝廷户部明令褒扬阜康，这等于是浙江省政府请中央财政部，发个正字标记给阜康，不但在浙江省内提高了阜康的名声，将来京里户部和浙江省之间的公款往来，也委托阜康办理汇兑。

其二，浙江省额外增收，援助江苏省剿灭太平天国的"协饷"，也委由阜康办理汇兑。

其三，将来江苏省与浙江省公款往来，也归阜康经手。

这一招"雪中送炭"，使得胡雪岩的阜康钱庄不仅不愁没有生意做，还将生意做到了上海和江苏去。"雪中送炭"的利益回报，一下子就显出来了。

个性送礼，让别人记住你的礼物

人们常说："千里送鹅毛，礼轻情意重。"可是有没有人想过，是谁如此执著千里迢迢送根鹅毛？看看下面的这个故事，答案自然清楚了。

唐朝贞观年间，西域回纥国是大唐的藩国。一次，回纥国为了表示对大唐的友好，特派使臣缅伯高带了一批奇珍异宝去拜见唐太宗。在这批贡品中，最珍贵的要数一只罕见的珍禽——白天鹅。

一路上，缅伯高对白天鹅悉心照料，他亲自喂水喂食，一刻也不敢懈怠，生怕途中出了差错。

这天，缅伯高走到沔阳河旁，只见白天鹅伸长脖子，张着嘴巴，一副渴坏了的样子。缅伯高心中不忍，便打开笼子，把白天鹅带到水边，让它在河边喝水、洗澡。不料，天鹅饮水沐浴后，一扇翅膀，扑喇喇一声飞上了天。

缅伯高惊慌失措，猛地向前一扑，可只捡到几根羽毛，他眼睁睁地看着白天鹅飞得无影无踪。

一时间，缅伯高愣在了当场，他手里捧着几根雪白的鹅毛，脑子里反反复复地只想一个问题："怎么办?进贡吗?拿什么去见大唐天子?回去吗?有何颜面去见回纥国王！"

思前想后，缅伯高决定继续东行，他拿出一块洁白的绸缎，小心翼翼地把鹅毛包好，又在绸子上题了一首诗——

天鹅贡唐朝，山重路更遥。

沔阳河失宝，回纥情难抛。

上奉唐天子，请罪缅伯高。

物轻人意重，千里送鹅毛。

缅伯高带着鹅毛，风餐露宿，不辞劳苦，终于到了长安。唐太宗接见了缅伯高，缅伯高献上鹅毛。唐太宗看了那首诗，又听了缅伯高的诉说，非但没有怪罪他，反而非常高兴地收下了礼物，并赏赐给缅伯高不少丝绸、茶叶、瓷器和一匹宝马，还留他在京城住了一段时间。

缅伯高对唐太宗的盛情款待非常感动，回去后对大唐大加赞赏。后来，人们就用"千里送鹅毛"来表达"礼轻情意重"，当时天鹅飞走之地就被后人称为"赶鹅"。

所以，很多时候，对方在乎的并不是送去的礼物，而是一种得到尊重和重视的感觉。因此，可以说，礼不在多，能抓住对方的心就好。

吉娜·劳洛勃丽吉达是欧洲电影界最突出的人物之一，并且是受人尊敬的摄影师。她从影迷、新闻界以及其他场合收到过许多礼物，其中有一把用火柴造的小提琴，在她的礼物中占有特殊地位。

这把小提琴全部由使用过的火柴棍做成，大约共有100根。火柴棍都被涂上了漆，做成与真乐器一样大，共有8根弦，还可以用来弹奏乐曲。

吉娜兴奋地回忆道："这把包装好的小提琴寄到我在罗马的住处，包裹还夹带着送礼者的信。送礼者是一个囚犯，他在信中说他很崇拜我。为了表达对我的崇拜，他在漫长黑暗而又孤独的监狱生活中，做了这把小提琴送给我，他还称我是囚犯的女王。"

吉娜被这位囚犯的执著感动，她马上回信表示对他的感谢。此后，这把珍贵的小提琴一直作为她的个人珍藏存放在她罗马的家中。

在选择礼物的时候，许多人感到自己毫无想象力，手中有钱却花不出去。事实上，私人化的礼物不可以用大众化来敷衍，保持个性化和新颖化是很重要的。

忽视受礼人的个性需要，就是忽视自己的情感表达，在礼物品种上，大多人追求个性化，购买礼品越来越讲究新颖别致。如一套精美的水飘蜡烛杯，一个可折叠的便携式座椅等，这些新颖的物品都成为表情达意的好礼。相反，那些刻意用作礼品出现的商品，如各种礼盒、金箔画等，反而因千篇一律而越来越失去吸引力。

自己制作的个性化礼物具有送受双方的个人特点和纪念意义。祖父就比较喜欢收到孙子亲手做的礼物，而不喜欢买的现成物品。个性化的礼物比精挑细选的礼品，更能表达你的心意和感情。

克鲁伊夫是世界足球史上的名将，也是著名的足球教练，他三次被评为"欧洲足球先生"，五次被评为"荷兰足球先生"。1966年，19岁的克鲁伊夫加盟阿贾克斯队出征荷兰联赛，第一次赢得冠军。从此，他宛如一颗璀璨的新星，照亮了荷兰的天空，也点亮了无数少女球迷的芳心。姑娘们的求爱信源源不断地寄来，但因为赛事安排紧张，他要在绿茵场上不停地奔跑，不得不将信件暂时搁在了一旁。

有一天，克鲁伊夫收到了一个邮包，打开一看，是个相当精致的大开日记本。随意一翻，这本日记本上每一页都只有一个克鲁伊夫的亲笔签名，他为此惊诧不已，这调动了他的好奇心，便一路翻下去，一直翻到最后，才发现了这位姑娘写给他的一封表露心迹的情书——

"我已经看过你踢的100多场球，每一场都要求你签名，而且都得到了。我是多么的幸运啊！当然，对于拥有无数崇拜者的你来说，我是微不足道的一个。但我敢说，我是最有心计的一个，我多么希望你对我有一点印象呵！

"我忍不住想说，我爱你，这封信花了我整整一个星期。我曾经在月下徘徊，曾经在玫瑰园流泪，也曾经在王子公园彷徨，好多次想有幸遇到你，我毕竟才19岁，少女的羞涩仍不时漾上脸来，心中只有恐惧和向往……现在，爱神驱使我寄出了这个本子。"

这本日记所寄托的和信中所流露的真挚感情，深深打动了克鲁伊夫，他留下了这个本子。一个星期后，在王妃公园的马达卡娅塑像旁，约翰·克鲁伊夫与这位名叫丹妮·考斯特尔的姑娘相会了，21岁的"足球先生"和19岁的美丽姑娘订下了金石之盟。

由此可见，送礼并不是单纯地把东西送出去，而是要挖空心思，了解对方的兴趣爱好，投其所好，巧妙安排，这样才能打动对方的心，办事也就十拿九稳了。

酒桌上求人，不行也行

中国人一直将吃饭和交际紧密地结合在一起。

对于请客吃饭的社交功能，钱钟书就曾写道："吃饭有许多社交的功用，譬如联络感情、谈生意经等等。社交的吃饭种类虽然复杂，性质极为简单。把饭给有饭吃的人吃，那是请吃饭；自己有饭可吃而去吃人家的饭，那是赏面子。交际的微妙不外乎此。"

香港"大食客"蔡澜先生也对此有所感悟，他在《吃的讲义》里说："吃的文化，是交朋友最好的武器。"

可以说，饭桌是社会的缩影，饭桌上处处是玄机。中国历代的兴衰成败似乎都与吃饭密切相关：春秋时代的齐相晏子，在会餐上"二桃杀三士"；蔺相如渑池会上屈秦王，开赵国数十年之太平；鸿门宴上，项羽心慈放刘邦；曹操青梅煮酒论英雄……

的确，中国人无论办什么事，都离不开饭桌：谈情说爱请客吃饭，结婚生子请客吃饭，加官晋爵请客吃饭，转行跳槽请客吃饭，乔迁新居请客吃饭……凡涉及社交都能归结到请客吃饭上。

王朔在《新狂人日记》中描述过一个叫"三哥"的人，大家每天都顶着"三哥"的名目吃饭：周一，三哥要去天津了；周二，三哥又不走了；周三，三哥真走了；周四，三哥回来了。王朔说："剩下的就全周末——必须的。"

这个三哥是典型的饭局达人，最骇人的一次是在某次聚会上，7个人互相介绍后发现，彼此全叫"三哥"，这概率真是小之又小，愣让他们给碰上了。

吃饭其实很累，但再累也得吃。在中国社会里，想要混得开，似乎要有一样必不可少的本事，就是先要把自己修炼成"酒囊饭袋"。公务员选拔，有的时候考官会问："酒量怎么样？""八两，行，你过关了。""什么，才三两的量？你回去等消息吧。"对于国人而言，酒桌饭局，是很重要的政治舞台。

酒作为一种交际媒介，迎宾送客，聚朋会友，彼此沟通，传递友情，发挥了独到的作用，所以，探索一下酒桌上的"奥妙"，有助于你交际的成功。

◎找个合适的宴请理由

宴请最令人头疼的莫过于对方严词拒绝或婉言推却。那么，怎样才能防患于未然，一请即中呢？关键在于邀请的理由是否合理。因此，我们就需要找个合适的宴请理由：

"王总，上次听说您到我们这儿出差，时间忙也来不及上我们公司看看，这次我无论如何得请您，补一补地主之谊……"

"陈经理，听说这儿新开了家料理店不错，我自己去吃公司当然不能报销，您就牺牲一次，让我沾回光吧……"

◎通知应及时得当

有句话这样说："提前一天预约是真请你，提前半天你是作陪，上菜了才请你是凑数的。"所以，不管是正式还是非正式的宴会，主人都应事先通知自己邀请的客人，给予对方充裕的准备时间。

◎待客须周到热情

身为主人的最大考验是，你必须能眼观六路、耳听八方，把每一位客人都招呼得周到而舒适，不论宴会人数有多少，你都应该尽力跟每一位客人交谈，即使是很简短的寒暄问候也好；尽量不要与人贴耳小声私语，给别人一种神秘感，往往会产生"就你俩好"的嫉妒心理，影响宴会的效果。

◎语言得当，诙谐幽默

酒桌上可以显示出一个人的才华、常识、修养和交际风度，有时一句诙谐幽默的语言，会给客人留下很深的印象，使人无形中对你产生好感。所以，应该知道什么时候该说什么话，语言得当，诙谐幽默很关键。

◎劝酒适度，切莫强求

要破除"但使主人能醉客，不知何处是他乡"的旧观念，应当以真诚相待为前提。不知客人的酒量和身体状况，一味劝人多喝，就有失待客之道。

劝人喝酒应遵循"喝足不要喝吐，喝好不要喝倒"的原则，让客人乘兴而来，尽兴而去。

◎敬酒有序，主次分明

敬酒也是一门学问。一般情况下敬酒应以年龄大小、职位高低、宾主身份为序。敬酒前一定要充分考虑好敬酒的顺序，主次分明。即便是与不熟悉的人在一起喝酒，也要先打听一下身份或是留意别人如何称呼，这一点心中要有数，避免出现尴尬或伤感情的局面。

敬酒时一定要把握好敬酒的顺序。对其有求的某位客人在席间时，对他自然要倍加恭敬，但是要注意，如果在场有更高身份或年长的人，则不应只对能帮你忙的人毕恭毕敬，也要先给尊者、长者敬酒，不然会使大家都很难为情。

◎适当贬抑自己

自我贬低、自我解嘲，是最高明的，往往是老练而自信的人才会采取这种方式。贬抑会收到欲扬先抑、欲擒先纵的效果，众人将在哄笑声中重新把你抬得很高。自我贬抑既可活跃气氛，又能博得他人的好感。

CHAPTER EIGHT

借人之力，成己之事

这么做才"有点意思"

- 好风凭借力，送我上青云
- 巧借大树来乘凉
- 借别人的"鸡"，下自己的"蛋"
- 人脉是设计出来的
- 再穷也要站到富人堆里
- 放长线，钓大鱼
- 拜冷庙，烧冷灶，交落难英雄

好风凭借力，送我上青云

天下最重要的"借"是什么？不是借钱和借物，而是借力！所谓借力，就是"借用"自己以外的各种资源，帮助自己达成仅靠自己完成不了或很难完成的目标。

世界首富比尔·盖茨说："任何一个聪明的企业家都善于借助别人的力量，任何一个聪明的人也都善于借助别人的力量。不管是经商还是做人，都要学会有效借助别人的力量，那样可以大大缩短你成功的时间。"

台湾巨富陈永泰说："聪明人都是通过别人的力量，去达成自己的目标。"

"借力"在东西方都有着悠久的历史。中国的荀子说："登高而招，臂非加长也，而见者远；顺风而呼，声非加疾也，而闻者彰；假舆马者，非利足也，而致千里；假舟楫者，非能水也，而绝江河。君子生非异也，善假于物也。"而西方的牛顿也说："我的成功只是因为我站在巨人的肩膀上。"可以说，善于借力，能借好力，就等于给自己找了个跳板，找到了成功的捷径，让自己跳得更高，走得更远。

一位年轻的父亲带儿子去海边野炊。他们一起捡了很多小虾和小贝壳，父亲坐在有两块大石头的地方开始清洗那些小虾和贝壳，清洗完毕后就可以搭灶生火了。

搭灶最起码需要三块大石头，而跟前只有两块。"去，把那块石头搬过来！"父亲指着不远处的一块石头对儿子说。

儿子依言走过去。那块石头看上去不大，但它有一大半陷在沙子里，所以重量远远超过了从视觉上的估计。儿子用尽全力，也只能让它松动一点儿。

父亲看见这种情况后，大声问道："为什么不用尽全力？"

儿子委屈地说自己已经尽全力了，但是依旧搬不动它，边说边继续努力尝试着想搬移那块石头，并以此证明给父亲看，他的怀疑是错误的。

"不，你没有尽全力！如果你尽全力了，你应该想到向我求助，我相信凭我们两个人的力量，足以将这块石头搬起来！"父亲说完后就走了过去，和儿子一起把那块石头抬到了锅旁边。

放下石头后，父亲拍了拍手上的沙尘说："你要记住，你的全力并不仅仅是指你自己一双手臂上的所有力量，它还指你的脑力，甚至是求助于别人。"

"可是，别人的力量又怎么能算是我的力量呢？"儿子不解地问。

"你说得很对，但是当你在面对一项你无法凭一己之力做到的事情时，求助便也是一种属于你的力量！"父亲说。

古人云："下君之策尽自之力，中君之策尽人之力，上君之策尽人之智。"一个人的力量总是有限的，当自己的力量还不足以获得成功时，要学会借用别人的力量来开创自己的事业。将对方的力量当成自己利益的跳板，这样你才能坐收更多的财富。

有一个流传很广的故事，说的是如何让一个农民的儿子成为世界银行的副总裁和洛克菲勒女婿。

在美国一个农村，住着一个老头，他有三个儿子。大儿子、二儿子都在城里工作，小儿子和他住在一起，父子俩相依为命。

突然有一天，一个人找到老头，对他说："尊敬的老人家，我想把你的小儿子带到城里去工作。"

老头气愤地说："不行，绝对不行！你滚出去吧！"

这个人说："如果我在城里给你儿子找个对象，可以吗？"

老头摇摇头："不行，快滚出去吧！"这个人又说："如果我给你儿子找的对象是洛克菲勒的女儿呢？"

老头又想了想，终于对让儿子当上洛克菲勒女婿的这件事心动了。

过了几天，这个人找到了石油大王洛克菲勒，对他说："尊敬的洛克菲勒先生，我想给你的女儿找个对象。"

洛克菲勒说："快滚出去吧！"

这个人又说："如果我给你女儿找的对象是世界银行的副总裁呢？"

洛克菲勒想了想，同意了。

又过了几天，这个人找到了世界银行的总裁，对他说："尊敬的总裁先生，你应该任命一个副总裁。"

总裁先生摇着头说："不可能，这么多副总裁，我为什么还要任命一个呢，而且还是马上？"

这个人说："如果你任命的这个副总裁是洛克菲勒的女婿，可以吗？"总裁先生当然同意了。

凭自己的能力赚钱固然是真本事，但是，能借权贵人物的力量赚钱，却是一门更高超的艺术。

在自己的力量还没有足够强大的时候，借助他人的力量，是走向成功的捷径。对于一个人来说，要获得进一步发展，更免不了借助他人的力量。

"好风凭借力，送我上青云。"不懂得或不善于利用他人力量，光靠单枪匹马闯天下，在现代社会里是很难有大作为的。而那些善于利用关系的人办起事来则如鱼得水，非常顺利，所以一定要善于利用自己周围的关系，顺势行事，把这些关系发挥到最大的限度，为自己办事成功助一臂之力。

巧借大树来乘凉

《沙家浜》中的阿庆嫂对胡司令说:"开茶馆,盼兴旺,江湖义气第一桩。司令常来又常往,我有心,背靠大树好乘凉。"可见在树下"乘凉"是桩多么惬意的事。

成功并不容易,个人的力量毕竟渺小,所以结交一些贵人,背靠几棵大树,有贵人帮衬,在大树底下乘凉,事情也就简单多了。的确,如果在你的背后,有个显赫的人物为你撑着,那么,你的人生旅途自然就会畅通无阻。

然而,并不是所有的人都那么幸运,能傍到枝繁叶茂的"大树"。一个人要得到别人的扶助,必须具备被别人认可的能力。如果你不具备这种能力,那么即使你"十顾茅庐"也不见得会得到他的帮助。这时候,你不妨发散思维,用一些特别的手段,让他在不知不觉中帮助你。

黄兰阶是左宗棠一位至交好友的儿子,他在福建候补知县多年也没有等到实缺。他见别人都有大官写推荐信,想到父亲生前与左宗棠很要好,就跑到北京来找左宗棠。

左宗棠初见故人之子,十分高兴,但当黄兰阶提出想让他写推荐信给福建总督时,表情顿时晴转阴,几句话就将黄兰阶打发走了。

黄兰阶碰了一鼻子灰,又羞又气,他离开左相府后,就闲踱到琉璃厂看书画散心。忽然,他瞥见一家书画小店的老板学写左宗棠字体,十分相似,心中一动,想出一条妙计。他让店主写柄扇子,落了款,得意扬扬地摇回福州。

这一天，黄兰阶来到总督府，手摇纸扇。总督见了很奇怪，问："外面很热吗？都立秋了，老兄还拿扇子摇个不停。"

黄兰阶把扇子一合，故作神秘地说："不瞒大人说，外边天气并不太热，只是我这柄扇是我此次进京，左宗棠大人亲手送的，所以舍不得放手。"

总督大吃一惊，冷汗下来了，他心想：我本以为这姓黄的没有后台，所以才让他坐了这么多年的冷板凳，没想到他却有这么个大后台。左宗棠天天跟皇上见面，他若恨我，只消在皇上耳边说个一句半句，我可就吃不住了。

总督要过黄兰阶的扇子仔细察看，确为左宗棠笔迹，一点不差。他将扇子还与黄兰阶，闷闷不乐地回到后堂，找到师爷商议此事，第二天就给黄兰阶挂牌任了知县。不到几年黄兰阶就升到四品道台。

后来，福建总督进京拜见左宗棠，无意中聊起此事说："大人的故友之子黄兰阶，少年英雄，如今在敝省当了道台了。"

左宗棠愣了半晌，随即笑道："是嘛！那次他来找我，我就对他说，'只要有本事，自有识货人。'老兄就是那个'识货人'嘛！"

黄兰阶能够官拜道台，是借左宗棠这棵大树的名气，让总督给他升了官，实在是棋高一着。这种行径在古代官场上是该受到谴责的，但在今天看来，这种借力打力的妙招却很值得研究。

一个犹太书商出了本书，销量极差。他急中生智，送了一本给美国总统看。总统顺口说了句："这本书很好。"于是书商就对外宣传："这是一本让总统说好的书！"结果该书被抢购一空。

第二次，犹太书商又出了本书，再次给总统送了一本。总统心想，上次让你赚了钱，这次我就说不好，看你怎么办？于是就说："不好！"结果书商就宣传："这是一本让总统说不好的书！"结果还是被抢购一空。

第三次，书商又送一本书给总统，总统这次学精了，不作任何表态。这也难不倒犹太人，这次书商这样宣传："这是一本让总统都不置可否，无法下结论的书！"结果，这本书卖得更好。

犹太人就是这样善于借别人之力为己用，凡是可以借用的资源，名人、荣誉、市场、资本、技术，都会想法去借，而且往往还能够借得来。就像杠杆一样，犹太人就是习惯找准施力点，使用微小的力，撬动比自己大几倍甚至几十倍的东西，这就是聪明的犹太人的思维。

其实，一个人想要更快地获得成功，其背后就需要有个贵人相助。它就像在下雨天因为你的头上有一把伞，就不必担心自己挨淋了。人生也是如此，在这个世界上，全凭一个人摸爬滚打，是非常艰辛的，但如果有个靠山那就不一样了。

一个平头百姓哪怕只是和一位名人握握手、合张影，也能使自己的身价骤增。这就是"背靠大树"的神奇力量。想想看，如果你办公桌上有一张你和李嘉诚的合影，会是什么情形？

借别人的"鸡"，下自己的"蛋"

中国有一个古老的民间传说，讲的是宋朝一个穷酸秀才，除了能够摇头晃脑吟诗作词之外，别无所长，真可谓是"百无一用"。他肩不能挑，手不能提，更不懂得种田的技巧，连地主都不肯把地租给他。于是，他想到自己可以靠养鸡下蛋过日子，但是，他连买鸡的钱都没有。

于是，他决定同人家商量借鸡来养，即别人出鸡，他管饲养，每下两个蛋，一人一个。用现代的话来说就是，你出资金，我出力气，利益平分。一年后，他有了100只鸡，第二年，繁衍到300多只，不出几年，他就成为了当地的富户。

这就是"借鸡下蛋"的来历。

其实，这个世界上没有什么是不能借的。使敌人互相争斗，谓之借手；使敌人互相埋怨，谓之借口；使敌人互相猜疑，谓之借心；使敌人杀我想杀之人，谓之借力。这就是借的奥妙。

三国时期的经典故事"草船借箭"，相信大家都听过。它之所以成为经典，是因为诸葛亮把一个"借"字运用得出神入化。俗话说得好："借力发力不费力。"懂得借力发力的人，就能够以小博大，以弱胜强，以柔克刚，就能够"四两拨千斤"。

图德拉是美国的一个工程师，他很想在石油界大展宏图、大显身手，但苦于没有钱。怎么办？有一天，他从一个朋友那里得到一条信息：阿根廷想采购2000万元的丁烷气体。图德拉突发奇想，决定去碰碰运气。当他来到阿根廷之后，才发现自己碰到了强劲的对手——英国石油公司和壳牌石油公司。是打退堂鼓，还是迎难而上？他决定用自己的智慧，跟两家公司叫板。图德拉精心调查，苦思良策。

一天，他在报纸上发现一则消息：阿根廷牛肉过剩，积压严重，亏损大增，他们正不惜代价卖掉这些牛肉。这条消息引起了他的注意，这不是天赐良机吗，为什么不利用一下？于是，他找到阿根廷政府说：如果你买我2000万的丁烷，我就买你2000万的牛肉，也就是说，你不花一分钱，只要给我你积压的牛肉，就可以得到2000万的丁烷。这正是阿根廷梦寐以求的，于是当场签了协议。

合同签好后，图德拉拿着牛肉的供货单，跑到西班牙，因为那里的造船厂没有订单，濒临倒闭。图德拉对西班牙政府说：如果你买我2000万的牛肉，我就在你们的造船厂，打一艘2000万的超级邮轮。西班牙政府的难题轻而易举地解决了，非常高兴。他马上通过他们驻阿根廷的大使，叫他们把图德拉要的牛肉发往西班牙。

牛肉有了买主，那么邮轮又卖给谁呢？图德拉离开西班牙后，返回美国，直接跑到费城的石油公司。图德拉对他们说，如果你们买我在西班牙建造的2000万的超级邮轮，我就买你们2000万的丁烷气体。太阳石油公司见有利可图，就同意了。就这样，图德拉一分不花，空手打进了石油界，从此大发其财。

王朔在《玩儿的就是心跳》里说："我们都是急性子，无利不起早，讲究的是空手套白狼。"

在中国古代，白狼是一种祥瑞的动物，它的出现往往和圣人、改朝换代联系在一起。据战国时魏国的史书《竹书纪年》记载："有神牵白狼衔钩而入商朝。"《帝王世纪》也记载："汤得天下，有神獐、白狼衔钩入殿朝。"

可见，白狼是祥瑞的征兆，每个得到它的国君都认为自己的道德高尚，获得了白狼的青睐。"空手套白狼"因此也就成为一句褒奖之语，褒奖那些能够空手把象征祥瑞的白狼套住的有道国君和勇士。可是没想到演变到如今，这一俗语居然成了一个贬义词，成了骗子实施诈骗手段的同义词。

其实，"空手套白狼"是指用最小的付出换取最大的回报，是做生意的最高智慧。《塔木德》里有句话说："没有能力买鞋子时，可以借别人的，这样比赤脚走得快。"善于借外力的人总是能成功借别人的金钱、智慧、名望甚至社会关系，用以扩充自己的大脑，延伸自己的手脚，提高赚钱能力。

张斌在一个公园里工作，这个公园里有一大片空地，光秃秃的，张斌一直想把它绿化一下，但是成本太高，所以迟迟没有行动。后来在一个朋友的帮助下，不到一年的时间，这片秃地就变成了万紫千红、芳香扑鼻的绿地。他是怎么做到的呢？

张斌在报纸上登了一则广告，广告语是这样的：

亲爱的市民朋友们：本公园是我市著名的旅游景点，游客众多。为满足大家的要求，我园特地开辟了一块空地，供个人、团体、企事业单位种植纪念树。

当你结婚的时候，你可栽上一棵"夫妻树""同心树"，让你们同心同德，爱情万古长青；在各种有纪念意义的时刻，你都可以在这里栽上一棵纪念树，比如"情人树""生日树""长寿树"等。因园地面积有限，我园将根据预约登记顺序确定，请有意者速来联系。

广告登出去之后，很快就在全市引起了很大反响，前来报名栽树的人络绎不绝，有的老板甚至包了一片地，打上自己企业的招牌，以企业的名称命名，做起了形象广告。

不到一年时间，整个荒地变成了万紫千红、芳香扑鼻的绿洲。公园没花一分钱，就绿化了一片秃地，还收到了一笔数目可观的苗木费、管理费。

法国著名作家小仲马在他的剧本《金钱问题》中说过这样一句话："商业，这是十分简单的事，它就是借用别人的资金。"西方商界有句名言这样说："只有傻瓜才拿自己的钱去发财。"很多人做生意的时候往往缺资金、缺技术、缺智慧。如果能够学会借鸡生蛋，巧借他人之力来为我所用，就不愁得不到发展和壮大。

人脉是设计出来的

在中国，广泛的人际关系是一种十分重要的资源，人脉就是人际关系及其脉络，也就是所谓的"关系"。人们常说："有关系，就没关系；没有关系，就有关系了。"的确，单丝不成线，独木难成林，没有朋友、没有人脉的人注定很难成功。

条条大路通罗马，好的人脉是走向成功的一条捷径。

人脉如同树脉，一棵小树苗要想长成参天大树，必须要有无数强壮的根脉供给它营养；人脉如同血脉，四通八达、错综复杂的血脉网络，是人的生命赖以存在的基础。

励志大师安东尼·罗宾说："人生最大的财富便是人际关系，因为它能为你开启所需能力的每一道门，让你不断地成长，不断地贡献社会。"

卡耐基说："一个人的事业成就85％来自人脉关系，只有15％来自专业知识。"

好人脉，可以为你带来巨大的财富。世界一流人脉资源专家哈维·麦凯就是巧妙地利用人脉来推销自己，从而找到一份好工作的。

哈维·麦凯上大学的时候，正赶上全国经济萧条，所以，他也成了千万失业大军中的一员。哈维·麦凯的父亲从前是位记者，认识一些在商界举足轻重的人物。其中有一位叫查理·沃德的先生，是全世界最大的月历卡片制造公司布朗·比格罗公司的董事长。4年前，沃德因税务问题而入狱服刑。

哈维·麦凯的父亲发现别人控诉沃德逃税的案件有些失实，于是赴监狱采访沃德，写了一些公正的报道，帮他挽回了名誉，这使沃德非常感激麦凯的父亲。

出狱后，沃德专门找到哈维·麦凯的父亲，对他说："你的孩子如果毕业后想找个好工作，我可以帮忙。"

走投无路的哈维·麦凯终于狠下心来，忐忑不安地拨通了沃德的电话。

谁知沃德回答得十分干脆，他说："你明天上午10点钟直接到我办公室面谈吧！"次日，哈维·麦凯如约而至。他为面试作了充分的准备，谁知招聘却变成了聊天。沃德兴致勃勃地谈到哈维·麦凯父亲的那一段狱中采访，整个谈话过程非常轻松愉快。

聊了一会儿之后，沃德说："我想派你到我们的直属公司工作，就在对街——品园信封公司。"

就这样，哈维·麦凯拥有了他的第一份工作，而且还有不菲的薪水和福利。

那不仅是一份工作，更是一份事业。42年后，哈维·麦凯已成为全美著名的信封公司——麦凯信封公司的老板。

在品园信封公司工作期间，哈维·麦凯熟悉了经营信封业的流程，懂得了操作模式，学会了推销的技巧，其中最大的收获就是他为自己积累了大量的人脉资源。这些人脉后来成了哈维·麦凯成就事业的关键。

哈维·麦凯事后深有感触地说："建立人脉关系就是一个挖井的过程，付出的是一点点汗水，得到的是源源不断的财富。"

你所认识的每一个人都有可能成为你生命中的贵人，成为你事业中重要的顾客。沃德——一个曾经身穿囚衣的犯人，都有可能成就辉煌的人生和事业。可见，只要你善于开发，每一个人都会成为你的金矿。

那么，我们该如何拓展自己的人脉呢？

◎不要错过让自己露脸的机会

多参加一些团体和社会活动，即使是公司内部的旅游团、健身房等团体，都是推销自己结交他人的好渠道，也是一个可以树立自己形象的好机会。

你只有主动出击，才能得到认识贵人的可能性。法国亿而富机油前总裁就是一个善于跟陌生人沟通的人。他定下目标，每年要与1000个人交换名片，跟其中200个人联络，并跟其中的50个人成为朋友。

◎主动联系

平时的主动联系可能会让自己在求人办事时不那么被动。时常打打电话，发发信息和邮件，节假日送点小礼品道声问候，嘘寒问暖，聊聊家常，在平常的日子里逐渐加深彼此间的感情，才可以在办事的时候让人为你尽力。

◎结识朋友的朋友

每个人都有自己的交际圈，也有自己的朋友，要想让自己的交际圈子更大一些，多结识自己朋友的朋友就是一个很好的办法。结识朋友的朋友更加快捷，由于彼此之间有了朋友的牵线搭桥，能够减少交流沟通的时间，从而可以使彼此在较短的时间内建立起比较好的关系。

◎坚持原则

坚持原则，同时又善于变通。在大是大非上要毫不动摇，这样别人才会觉得你值得信赖。

◎不要吝啬与他人分享

无论是金钱、朋友还是其他社会资源，独乐乐不如众乐乐，何况从这种分享中你也会得到更多他人拥有的东西，何乐而不为呢？

◎吃点小亏

很多人都喜欢占点小便宜，如果在交往中让对方得利多一点，对方就会乐意与你交往，相反，则很可能与你疏远。这其实并不是什么大毛病，也不妨碍彼此间的交情。吃点小亏看似受到损失，其实是一种情感上的投资。因为大家都是明白人，谁多得谁少拿心里都很清楚，对方占了便宜自然会觉得有所亏欠，遇上恰当的时候自然会给予补偿。

人脉，是比金钱更重要的成功资本，也比金钱更容易得到。只要我们付出真心，就会换回真情。从现在开始，请有意识地积攒你的人脉。不久的将来，你会发现，这些正是助你成功必不可少的财富。

再穷也要站到富人堆里

我们中国有句古话："近朱者赤，近墨者黑。"在西方，这种观点也同样盛行。犹太人认为：将和你比较亲密的5个人和他们的收入写出来，就能计算出你的收入。这5个人收入的平均数，就是你的收入。虽然很多人不相信这种说法，但是事实却证明这种说法的正确性相当高。

与什么样的人相处，常常会影响到自己。和勤奋的人在一起，你不会懒惰；和积极的人在一起，你不会消沉；与智者同行，你会不同凡响；常常与百万富翁在一起，你就很可能成为百万富翁。

不管在现实生活中还是在想象中，你习惯相处的那些人，会对你想成为理想人物的目标有极大的影响力。甚至可以说：我们的命运不是掌握在自己手里，而是掌握在我们的朋友手里！

你为什么学这个专业？因为朋友的影响。

你为什么经常去这个餐馆？因为朋友的影响。

你为什么会结伙抢劫？因为朋友的影响。

你为什么去炒股？因为朋友的影响。

你为什么去文身、打耳洞？因为朋友的影响。

你为什么去做传销或保险？因为朋友的影响。

你为什么在看这本书？因为朋友的影响。

……

成功最最重要的就在于拥有成功的朋友。一位商界精英感慨地说："这一生最让我感到踏实的就是我交到了一些真正的朋友，我相信即使明天我什么都没有了，从头做起，我用3天时间就能够再赚几百万。为什么？因为那些朋友中至少有相当一部分还会认同我，有了他们，我就有可能再干起来，所以我很轻松，很放心。"

日本有一位穷其一生研究犹太人经商思维和行为习惯的教授叫手岛佑郎，他有一句名言："有一种穷人算是穷到家了，他们宁愿位列一支穷人的队伍之首做一辈子穷人，也不愿跑到一支富人的队伍之尾去做一会儿富人。"的确，在现实生活中，很多人都信奉"宁做鸡头不做凤尾"的观念，这其实就是一种不思进取、害怕挑战的畏惧表现。

马克·吐温说：尽量远离那些轻视你雄心壮志的人。挫他人的志气是小人一贯的伎俩；相反，真正伟大的人则会令你感觉到自己的不平凡。

在你的一生中，无论在何种情形下，你都要不惜一切代价进入能够激发自己潜能的氛围中，努力接近那些了解你、信任你、鼓励你的人。这对你日后的成功具有莫大的影响。

南北朝的时候，有个叫吕僧珍的人，他待人忠实厚道，从不跟别人耍心眼。吕僧珍的家教极严，他对每一个晚辈都耐心教导、严格要求。他的一个堂兄本以卖葱为业，听说吕僧珍当官后，就放弃旧业，要求吕僧珍为他在州里安排个官做做。吕僧珍说："我蒙受国家重恩，只求秉公任事以上报朝廷。你有自己的职业，怎能因为我做了官便存非分之想？赶紧回到你的葱铺去。"

南康郡守宋季雅也是个正直的人，他为官清正，从不徇私枉法，所以他得罪了很多朝中显贵，一些大官僚都视他为眼中钉、肉中刺，总想除去这块心病。终于，宋季雅被革了职。

宋季雅被罢官以后，一家人只好从华丽的大府第搬了出来。可是到哪里去住呢？这是一个颇让宋季雅头疼的问题。他离开住所，四处打听，看哪里的住所最符合他的心愿。很快，他从别人口中得知，吕僧珍家是一个君子之家，家风极好，不禁大喜。宋季雅来到吕家附近观察，发现吕家子弟个个温文尔雅，知书达理，果然名不虚传。

说来也巧，吕家隔壁的人家要搬到别的地方去，打算把房子卖掉。宋季雅赶快去找房子的主人，愿意出1100万钱的高价买房，那家人很是满意，二话不说就答应了。于是宋季雅将家眷接来，就在这里住下了。

吕僧珍过来拜访这家新邻居。两人寒暄一番，谈了一会儿话，吕僧珍问宋季雅："先生买这幢宅院，花了多少钱呢？"宋季雅据实回答，吕僧珍很吃惊地说："据我所知，这处宅院已不算新了，也不是很大，怎么价钱如此之高呢？"宋季雅笑了，回答说："我这钱里面，100万钱是用来买宅院，1000万钱是用来买您这位道德高尚、治家严谨的好邻居啊！"

宋季雅宁肯出高得惊人的价钱，也要选一个好邻居，这是因为他知道好邻居会给他的家庭带来良好的影响。可见环境对于一个人各方面的影响，是不容忽视的。

生活中，你喜欢跟穷人在一起，即使你再成功也还是一个穷人。在乞丐中做得最成功的最多就是一个丐帮帮主；而在富人圈里的哪怕是富人的门童，至少也是半个富人。天天与富人在一起，学到的思维和行为方式就为你奠定了成为富人的基础。

放长线，钓大鱼

远见，是事业成功的思想基础。有远见的人，才能作出英明的决定；鼠目寸光的人，由于缺乏长远的打算，总是顾及一边，却错失了另一边。

毛泽东曾在中共七大的结论中讲道："什么叫做领导？领导和预见有什么关系？预见就是预先看到前途趋向。如果没有预见，叫不叫领导？我说不叫领导。没有预见就没有领导。"

毛泽东所说的"预见"其实就是远见。如果你有远见，又勤奋努力，那么将来就很有可能实现目标。诚然，未来是无法保证的，任何人都一样，但你成功的机会能大大增加。

想要获得成功，光有远见和勤奋是不行的，你还必须要有一个强大的人脉网，而获取这个人脉网，就要进行感情投资，即所谓的"放长线，钓大鱼"。

善于放长线钓大鱼的人，在看到大鱼上钩之后，总是不急着收线扬竿，把鱼甩到岸上。因为这样做，到头来不仅可能抓不到鱼，还可能把鱼竿折断。他会按捺下心头的喜悦，不慌不忙地收几下线，慢慢把鱼拉近岸边。一旦大鱼挣扎，便又放松钓线，让鱼游窜几下，再次慢慢收线。如此一收一弛，待到大鱼精疲力竭，无力挣扎时，才将它拉近岸边。

俗话说："台上一分钟，台下十年功。"人情也是同样，善于放长线的人，才能够钓上大鱼，感情投资得越早，得到的回报也就越多。

某中小企业的董事长长期承包那些大电器公司的工程，对这些公司的重要人物常施以小恩小惠。这位董事长的交际方式与一般企业家的交际方式的不同之处在于：不仅奉承公司要人，对年轻的职员也殷勤款待。

谁都知道，这位董事长并非无的放矢。事前，他总是想方设法将电器公司中各员工的学历、人际关系、工作能力和业绩作一次全面的调查和了解，认为这个人大有可为，以后会成为该公司的要员时，不管他有多年轻，都尽心款待。这位董事长这样做是为日后获得更多的利益作准备。

这位董事长明白，十个欠他人情债的人当中，有九个会给他带来意想不到的收益。他现在做的"亏本"生意，日后会利滚利地收回。

所以，当自己所看中的某位年轻职员晋升为科长时，他会立即跑去庆祝，赠送礼物，同时还邀请他到高级餐馆用餐。年轻的科长很少去这类场所，因此对他的这种盛情款待自然倍加感动，心想："我从前从未给过这位董事长任何好处，并且现在也没有掌握重大交易决策权，这位董事长真是位大好人！"这位年轻科长自然产生了知恩图报的意识。

正在受宠若惊之际，董事长却说："我们公司能有今日，完全是靠各位贵人的抬举，因此，我向你这位优秀的职员表示谢意，也是应该的。"这样说的用意是不想让这位职员有太大的心理负担。

这样，当这些职员晋升至处长、经理等要职时，还记着这位董事长的恩惠。因此在生意竞争十分激烈的时期，许多承包商倒闭的倒闭，破产的破产，而这位董事长的公司却仍旧生意兴隆。

纵观这位董事长的"放长线"手腕，确有"老姜"的"辣味"。这也揭示出求人交友要有长远眼光，尽量少做临时抱佛脚的买卖，而要注意有目标的长期感情投资。

明代宰相严嵩是中国历史上著名的奸臣。他当政二十多年，把嘉靖帝玩弄于股掌之中，群臣只能听任他的摆布。

有一次，宜春县令刘巨塘进京觐见嘉靖皇帝后，随从众人前往严府，为严嵩祝寿。严嵩十分傲慢无礼，随意招呼过众人，命人把大门关上，禁止任何人出入。

到了大中午，仍然没人安排酒食。刘巨塘饥渴交加，只得在府中乱转。

这时，一名叫严辛的仆人把刘巨塘领到自己的住处，用好酒好菜招待他，并告罪说："是我家主人怠慢大人，若大人不责怪我家主人，小人就稍感安心。"

刘巨塘有点受宠若惊："我官小职微，无足轻重，承蒙你家主人接待，已感荣幸，哪敢责怪呢？"

严辛笑了笑："大人真的没有怨言？"

刘巨塘担心窗外有耳，于是正色说："我真心为你家主人祈福，哪有怨言可发？"

严辛说："此地就你我二人，大人不必讳言。我虽为严家仆人，也知世故人情，故而和大人倾心交谈。"

刘巨塘不明其意："你有何意，直接讲出来，我绝不外传。"

严辛起身，拱手说："与大人相识，是我的造化，还望大人日后关照我，不忘今日之情。"

刘巨塘不解地说："你家主人如日中天，我只是小小县令，能为你做什么事呢？"

严辛缓缓说道："我家主人对上恭顺，对下傲慢，以君子自居，却行小人之事。我追随他多年，深知他有败露之时。有一天，他大祸临头，我等势必受到牵连，现在不趁早寻个依靠，找个退路，为时晚矣。我见大人心地良善，当为托付之人，故而赤诚相告。"

刘巨塘惊骇不已，随口道："你就这么肯定你家主人要遭祸吗?我实难相信呐。"

严辛郑重说："大人遭他轻视，只此一节，便可察知他的为人真相了，大人还有何怀疑吗?所谓察微知著，一叶知秋，今日之事乃大人所亲历，自无需我多言了。"

刘巨塘心中佩服严辛的见识，嘴里却百般不予承认。

几年后，严嵩垮台，严世蕃被杀，严辛受牵连下狱。此时，刘巨塘正好在袁州当政，主理严辛的案子。他感念旧情，将严辛发配边疆，免其一死。

受者无心，"钓"者有意，善于结交广泛人脉的人，必定会有一番成就。让感情投资成为你日后辉煌的铺路石，你的事业将会变成坦途。

拜冷庙，烧冷灶，交落难英雄

黄蜂与百灵鸟口渴难耐，就找农夫要水喝，并答应付给农夫丰厚的回报。百灵鸟向农夫许诺它可以替葡萄树松土，让葡萄长得更好，结出更多的果实；黄蜂则表示它能替农夫看守葡萄园，一旦有人来偷，它就用毒针去刺。农夫并不感兴趣，对黄蜂和百灵鸟说："你们没有口渴时，怎么没想到要替我做事呢？"

这个寓言告诉我们这样一个道理：平时如果不注意与人方便，等到有求于人时，再去替人出力，就难免太迟。

中国人讽刺急时求人的做法，最简练精彩的话就是"平时不烧香，临时抱佛脚"。其实在这种情况下，再灵的佛都不会帮助你。因为你平常心中就没有佛，有事才来恳求，佛怎会当你的工具呢？所以我们求佛，应在平时烧香。而平时烧香，也表明自己别无需求，完全出于敬意，绝不是买卖；一旦有事，你去求它，它念在往日你的热忱，也不会拒绝。

至于去哪儿烧香，也有道理可循。我的建议是：尽量去一些平常没人去的冷庙，不要只挑香火繁盛、香客众多的庙。热门的庙因为烧香人太多，神仙的注意力分散，你去烧香，也不过是众香客之一，显不出你的诚意，神仙对你也不会有特别的好感。

但冷庙的神仙就不同了，平时冷庙门庭冷落鞍马稀，你却很虔诚地去烧香，神仙当然对你感激涕零。同样的烧一炷香，冷庙的神仙却认为这是天大的人情，日后有事去求他，他自然特别照应。

有一位领导，因生活作风上犯了点错误而失势，他昔日的一些朋友和部下都离他而去。他一度心情很郁闷，甚至动了自杀的念头。这时，他的一个部下，不怕受连累，主动来见他，给他带来礼物，并开导他说轻生思想要不得，同他一起分析局势。下属的鼓励使他认识到自己的前途并非那么黯淡，终于坚持了下来。后来这位领导东山再起，由于十分感激这名部下，就把手中最重要的部门交给了他，并在退休后帮助他坐到了自己当初的位置。

平时不乐于向冷庙"烧香"，事到临头再来"抱佛脚"，已经为时过晚。一般人总以为冷庙的菩萨不灵，所以才成为冷庙。其实英雄落难，壮士潦倒，都是常见的事。只要一有机会，风云突变，仍是会一飞冲天、一鸣惊人的。

20多年前，美国移民潮风起云涌。一个叫迈克的年轻律师，在一个移民集中的小镇，成立了一个律师事务所，专门受理移民的各种事务和案件。创业之初，尽管他每天忙碌，但仍然穷得连一台复印机都买不起。他整天开着一辆破车，来往于移民之间，尽自己的所能，真诚地帮助需要帮助的移民。后来随着迈克律师事务所在当地小有名气，财富也接踵而来，他的办公室扩大了，并有了自己的职员和秘书。

正当事业如日中天的时候，他将所有的资产都投资于股票，却几乎全部亏尽，更不巧的是，由于美国移民法的修改，职业移民额削减，他的律师事务所也门庭冷落，终于，他破产了。

正在他不知自己的下半生如何度过、感叹人生无常时，他收到了一位公司总裁寄来的信。信中说他愿意把公司30％的股份无偿赠送给迈克先生，并且旗下的两家公司，随时都欢迎他做终身法人代表。

迈克简直不相信自己的眼睛，这是真的吗？是谁在自己最危难的时候帮助自己？迈克决定亲自去拜访这位总裁。

他是一位40开外的波兰裔中年人。"还认识我吗？"总裁微笑着问迈克。迈克摇摇头。总裁微微一笑，从办公桌的抽屉里拿出一张皱巴巴的5美元汇票，上面夹着的名片印有迈克律师事务所的地址、电话。迈克实在想不起有这一桩事情。

　　"10年前，在移民局，"总裁开口了，"我在排队办工卡。排到我时，移民局已经快关门了。当时，我不知道工卡的申请费用涨了5美元，移民局不收个人支票，我又没有多余的现金。如果我那天拿不到工卡，雇主就要另雇他人了。这时，是你从身后递了5美元过来，我要你留下地址，好把钱还给你，你就给了我这张名片。"

　　迈克问："后来呢？"

　　"不久我在这家公司连续申请了两个专利，事业发达起来，本想加倍地把钱还给你，但我到美国之后工作生活经历了许多的磨难和冷遇，是你这5美元改变了我对人生和社会的态度，我怎么会把这5美元轻易地送出呢？"

　　这个故事听起来蕴含着偶然性，而偶然性的发生却蕴含着必然性。一个有着善心和善举的人，是应该得到回报的，这种回报与其说是上帝的赐予，不如说是迈克当初种下了善因，试想一下，假如当初迈克不去用5美元助人，那么今天他怎么会得到那么大的恩惠呢？

　　俗语说："投我以木桃，报之以琼瑶。"你帮助了他人，他人便欠了你一个人情。他多半会回报的，因为这是人之常情。帮助别人就仿佛你在银行里存款一样，存得越久，存得越多，利息才会越多。

　　所以，从现在起，多注意一下你周围的朋友，若有值得上香的"冷庙"，可千万不要错过。

CHAPTER NINE

最高的境界是厚黑

做个"好意思"的人

- 脸厚心黑，先下手为强
- 屈尊降贵，自贬身份
- 追女秘笈：胆大心细脸皮厚
- 打一巴掌，切记揉三下
- 伸手不打笑脸人，用笑脸抵挡一切
- 宁可得罪君子，也不得罪小人
- 量小非君子，无毒不丈夫
- 欲成大事，妇人之仁要不得
- 凡事留三分余地，不是为别人，而是为自己

脸厚心黑，先下手为强

俗话说："先下手为强，后下手遭殃。"在博弈中，如果你能够先下手抢占先机，便可以步步走在对手的前面，从而达到克敌制胜的目的。

不管是在生活中还是在职场中，对敌人的一丝一毫的仁慈，就意味着对自己的残忍，甚至可能让你全军覆没。所以每一个成功人士都要练就一副铁石心肠，在与对手争锋时，一定要想尽办法率先出击，先发制人，把对手彻底摧毁，为自己夺取绝对的优势地位。

公元618年，李渊建唐，称唐高祖。他册立李建成为太子，封李世民为秦王，李元吉为齐王。太子李建成自知功劳权势远不如李世民，恐日后皇位为李世民所夺，便与李元吉合谋，屡次设计暗害李世民。

一次，李建成、李元吉假意摆下酒席，邀李世民赴宴，却在酒中下了剧毒。李世民生性豁达，坦然不疑，举杯欲饮。好在有上天眷顾，李世民才饮一小口，一只燕子飞过，遗粪于杯中，弄脏了李世民的衣服。李世民欲起身更衣，忽然腹痛如绞，回府后，通宵泄泻，呕血数升。李世民心里明白，一定是李建成在酒里下了毒，赶快请医服药，总算慢慢好了。

太子与齐王看到此计不成，又生一计。那时，突厥进犯中原，李建成向唐高祖建议，让李元吉代替李世民带兵北征。唐高祖任命李元吉做主帅，李元吉又请求把尉迟敬德、秦叔宝、程咬金三员大将和秦王府的精兵都划归他指挥。他们打算把李世民身旁的这些将士调开，这样就可以放心地除掉李世民了。

有细作把这个计划报告了李世民。李世民感到形势紧急，连忙找长孙无忌和尉迟敬德商量。两人都劝李世民先发制人。李世民说："兄弟互相残杀，是我最不愿意看到的。还是等他们动了手，我们再来对付他们。"

尉迟敬德劝道："现在大祸临头，你如果不重视自己的生命，我们没有话说，但是你身负重责大任，领导邦国，应以宗庙社稷为重。假使秦王不采纳我们的意见，请准我辞归故里。现在明知我们会被杀死，怎么能留在这里坐以待毙？"李世民依然犹疑，尉迟敬德又说："处事疑虑不决，非智也；遇到困难踌躇不前，非勇也。"

于是，李世民决定发动政变，除掉李建成、李元吉。

第二天早上，李世民叫长孙无忌和尉迟敬德带了一支精兵，埋伏在皇宫北面的玄武门，只等李建成、李元吉进宫。

没多久，李建成、李元吉骑着马朝玄武门来了，他们到了玄武门边，觉得周围的气氛有点反常，心里犯了疑。两人拨转马头，准备回去。

李世民从玄武门里骑着马出来，高喊："殿下，别走！"

李元吉转过身来，拿起身边的弓箭，就想射杀李世民，但是心里一慌张，连弓弦都拉不开来。李世民眼明手快，射出一支箭，把李建成先射死了。紧接着，尉迟敬德带了70名骑兵一起冲了出来，尉迟敬德一箭，把李元吉也射下马来。

东宫和齐王府的将士听到玄武门出了事，全部出动，猛攻秦王府的兵士。李世民一面指挥将士抵抗，一面派尉迟敬德进宫。

唐高祖正在皇宫里等着三人去朝见，尉迟敬德手拿长矛气喘吁吁地冲进宫来，说："太子和齐王发动叛乱，秦王已经把他们杀了。秦王怕惊动陛下，特地派我来保驾。"

高祖这才知道外面出了事，吓得不知道该怎么办才好。

宰相萧瑀等说："李建成、李元吉本来没有什么功劳，两人妒忌秦王，施用奸计。现在秦王既然已经把他们消灭，这是好事。陛下把国事交给秦王，就没事了。"

到了这步田地，唐高祖要反对也没用了，只好听左右大臣的话，宣布李建成、李元吉罪状，命令各府将士一律归秦王指挥。过了两个月，唐高祖让位给秦王，自己做太上皇。李世民即位，就是唐太宗。

假若在当时那种危急情况下，李世民不能冷静地听取部属的意见，不能当机立断，先下手为强，中国历史中唐朝的那一段就会改写，贞观盛世就不会出现了。

在博弈中，只有占据了主动地位，才能够有更大的胜算。但是，要占据主动地位，首先要有充分的准备，先下手为强还要有先下手的资本。如果明知道自己处于弱势还要先下手，结果一定是"先下手遭殃"。

在历史上有很多关于先下手为强的例子：

三国时期的曹操，多疑且残忍，把招待自己的吕伯奢一家给杀了个鸡犬不留；而陈宫，他几次举剑欲杀曹操，然而每次都下不了手，最终他还是死在曹操手下。

汉景帝时，晁错为内史，很受景帝信用，提出过许多革新的建议。丞相申屠嘉因为晁错的建议触犯了他的利益，一直在伺机陷害他。内史府建在太上庙围墙里的空地上，门朝东，出入很不方便，晁错便向南边开了两个门出入，因而凿开了太上庙的围墙。申屠嘉借此大做文章，状告晁错擅凿庙墙为门，奏请杀头。晁错听到申屠嘉的图谋后，赶到申屠嘉之前，将真实情况报告了景帝。所以待到申屠嘉告状时，汉景帝只轻描淡写地说了一句"不是高墙，是庙外空地上的短墙"，便否决了申屠嘉的小报告。申屠嘉回家后大发脾气，说："我应当赶在他的前面，他赶前了，我反而被他卖了。"

犹太人被认为是世界上最会赚钱的民族，他们说过这样一句谚语："人的一生中，有三样东西不能使用过多，做面包的酵母、盐和犹豫。"对于有经商头脑的犹太人来说，酵母放多了，面包就会发酸；盐放多了，菜就会很咸；而做事总是犹豫不决、只说不做，就会痛失很多机会。

《孙子兵法》中说："昔之善战者，先为不可胜，以待敌之可胜。不可胜在己，可胜在敌。故善战者，能为不可胜，不能使敌之必可胜。故曰：胜可知，而不可为。"先发制人，方能克敌制胜。在血与火的搏斗中，是没有什么斯文客套可讲的。趁守敌不加防备或没有做好充分准备的时候，先下手者必得先机之利。

屈尊降贵，自贬身份

孟子曰："人皆有不忍人之心。"意思是说，世界上每个人都具有同情弱小和怜悯受难者的仁慈感情。人都愿意帮助弱者，因为这样可以显示出自己的强大，满足自己的虚荣心。

有鉴于此，我们在求人的时候，不妨把自己贬得一文不值，尽量表现得可怜兮兮，以满足对方的虚荣心。降低自己的身段，对别人是一种捧，一种无形的变相吹捧，运用自如自会收到意想不到的效果。

杰瑞毕业于美国著名的斯坦福大学，又在德国的佛莱堡大学拿到了硕士学位。按常理来说，这种拥有高学历的人才应该是很多公司争抢的对象，可是当杰瑞带齐了所有的文凭，去见美国西部的大矿主亨利的时候，却遇到了麻烦。

原来，亨利是个脾气古怪又很固执的老头，自己没什么文凭，所以不相信有文凭的人，更不喜欢那些文绉绉只会讲理论的工程师。

当杰瑞前去应聘递上文凭时，满以为亨利会乐不可支，没想到亨利却果断地摇摇头："我之所以不想用你，是因为你曾经是德国佛莱堡大学的硕士，你的脑子里装满了一大堆没有用的理论，我可不需要什么文绉绉的工程师。"

聪明的杰瑞听了这番话，不仅没有生气，还心平气和地说："假如你答应不告诉我父亲的话，我会告诉你一个秘密。"亨利表示同意。

于是，杰瑞对亨利说："其实，我在佛莱堡并没有学到什么，那三年就好像是稀里糊涂地混过来的一样。"

没想到，亨利听后笑嘻嘻地说："好，很好，明天你就来上班吧。"

也许有人认为，杰瑞的做法不十分合适。当然，没有一件事是百分百完美的。问题的关键是，这样处理之后，是不是能够既不伤害别人，又能把问题解决掉。就拿杰瑞来说，他贬低的不是对方，而是自己，他的学识如何当然不是由他自己评价的。而且，就是把自己抬得再高，也不会使真正的学识增加一分一毫；反过来，即使贬得再低，也不会使自己的学识减少一分一毫。

外敛内修、锋芒不露乃是古人之训，也是为人处世的要义。我们的祖先尤其注重德行的修养，进而完善自我，达到实现自我价值的目的。

鹰立如睡，虎行似病。雄鹰站立的样子好像睡着了，老虎行走时懒散无力仿佛生了大病，实际上这正是它们捕食的高明手段。所以君子要聪明不露，才华不逞，才有肩鸿任钜的力量。

你立志要做出一番事业的话，首先就要放下所谓的面子，不去在乎你的地位，不去计较你的身份，保持平和的心态，有从零开始的准备，只有这样，路才会越走越宽广。

有一位在美国留学的计算机博士，辛苦了好几年，总算毕业了。可是，虽说是拿到了响当当的博士文凭，却一时难以找到工作。没有工作，生计没有着落，这个滋味可是不好受。他苦思冥想，终于想到了一个绝妙的点子。

他决定收起所有的学位证明，以一个最低身份去求职。这个法子还真灵，一家公司老板录用他做程序输入员。这活，对他来说简直是高射炮打蚊子——大材小用。不过，他还是一丝不苟、勤勤恳恳地干着。

不多久，老板发现这个新来的程序输入员非同一般，他竟然能看出程序中的错误。这时，这位小伙子掏出了学士证书。老板二话没说，立刻给他换了个与大学毕业生相符的职位。

又过了一段时间，老板发现他时常还能为公司提出许多独到而有价值的见解，这可不是一般大学生的水平呀！这时，这位小伙子又亮出了硕士学位证书，老板看了之后又提升了他。

他在新的岗位上做得很出色，老板觉得他还是与别人不一样，非同小可。于是，老板把他找到办公室，对他进行询问，这时，这位聪明人才拿出了他的博士证书。

老板这时对他的水平有了全面的了解，便毫不犹豫地重用了他。这位博士终于获得了成功。

这位博士的点子好就好在以退为进，看上去是自己降低了自己，也让别人看低了，但是身处低位，被人看轻，不要紧，一旦有机会，就可以大放异彩，展露才华，让别人、让老板对你一次次刮目相看，你的形象便慢慢高大起来了。

古人称："鹤立鸡群，可谓超然无侣矣，然进而观于大海之鹏，则渺然自小，又进而求之九霄之凤，则巍乎莫及。"山外有山，人外有人，在做学问、做官时，只要以"谦"字铺路，你就会在人际关系上做到游刃有余，将来才会对自己、对社会尽到责任，才会有所作为、有所成功。而妄言轻人，即使才华横溢也难以成就大业。

电影《阿甘正传》也能对我们有所启示。自认弱智的阿甘，从来就习惯把自己放在一个相对低下的位置，所以他有许多可以借助的对象。因为你居下，就没人把你看成竞争对手，就没人要想方设法算计你；因为你居下，许多自认为"高"的人，才会愿意帮助你，让他获得一种虚荣的满足。

法国哲学家罗西法古有句名言："如果你要得到仇人，就表现得比你的朋友优越；如果你要得到朋友，就让你的朋友表现得比你优越。"职场上，聪明的员工对自己的成就总是轻描淡写，谦虚，不张狂；愚蠢的员工则大声喧哗，哗众取宠，结果众叛亲离。

总之，别忘了老祖宗们总结出的教训："人怕出名猪怕壮。"还有一句是"枪打出头鸟"。

追女秘笈：胆大心细脸皮厚

喜欢张爱玲的人，肯定也知道胡兰成，一个是当时上海最负盛名的女作家，一个是汪伪政府的要员。在乱世之中，他们的一段"孽缘"，成了众人争相评论的焦点。

在花花公子胡兰成所著的《今生今世》中，胡兰成和护士小周在江边谈情说爱的那一节特别有意思。胡兰成对小周说："我看着你看着你，想要爱起你来了。"胡兰成也算是一代才子，但谈情说爱竟是如此直接和没有情调，这分明是农夫跟村姑的对白。不过，这种看似俗气简单的对白，却不禁让人回味万千。

他和一代才女张爱玲的谈情说爱，也不怎么高明。在《民国女子》那一章里，描写他和张爱玲的初次见面，张爱玲在他看来，简直是仙女下凡，不但"翩若惊鸿"，还"正大仙容"。两人相见恨晚，长谈5小时，谈文学谈诗词谈生活琐事。后来胡兰成送张爱玲到弄堂口，两人并肩走，胡兰成冒出一句："你的身材这样高，这怎么可以？"他说，就是这样一句话，两人一下子就近了。

以张爱玲那样的才女，博览群书，见惯了大场面，和她谈情说爱，送几首情诗，或者背诵几句古典诗词给她听，恐怕她都会觉得俗气。于是胡兰成挑了最平常的话来讲，就是这几句话，倒消除了两人的隔阂。这也正暗合了网友总结的几句恋爱箴言："如果她涉世未深，请带她尝遍世间繁华；如果她历经沧桑，请带她坐十次木马。"

胡兰成追求女人，从来不屑于用什么花言巧语，因为他懂女人的心，一如他说："我于女人，与其是爱，毋宁说是知。"而且，胡兰成对女人总是有那么一种冒失，他第一次对张爱玲说那样的话，是一种含蓄的小心翼翼的试探，也有一种刻意的冒犯。他对日本女人一枝更冒失，认识的第三天，就请一枝和阿婆看电影。一枝在夏天穿的是一件短袖子，他就把手搭在人家臂膀上了。他说，"自己分明晓得是坏"。于是，这位一枝小姐，很快又成了胡兰成的女人，和他同居了三年。

《古惑仔》中山鸡哥说过，追女孩子要"胆大心细脸皮厚"。短短的七个字也算是真理，为什么呢?山鸡哥这样解释：因为你开口就有50%的成功机会。不开口呢，机会等于零。

在情场上，这七个字的确是战无不胜的利器。我们经常发现，身边漂亮的女人往往被小流氓骗走了，癞蛤蟆偏偏吃到了天鹅肉。这些女孩可能没被金钱、权利、相貌所击倒，却在这七个字的猛烈攻势下当了俘虏，可见这七个字分量之重。

◎胆大

有一个男知青，喜欢上一个姑娘，一个人在心里偷偷地喜欢，从来不敢说出口，喜欢得懦弱，喜欢得刻骨铭心。姑娘也似乎有意，集体用餐时，她给他打来一碗白净的米饭，上面盖着厚厚的肉丁。他不好意思吃，当着众人的面推辞过去。姑娘以后再也不理他了，后来嫁给了一个他瞧不起的酒鬼。酒鬼的胆量真大，当着姑娘父母的面求婚，当着众人的面拉她的手。有次发大水，姑娘过河，陷在漩涡里不敢动，他看见了，不敢下去抱她脱离险境，急得团团转。酒鬼看见了，像石头一样跳下去，抱起姑娘涉水而过。后来青年每次见到这两个人，都远远地躲开。

爱情，本来就是你追我赶的事。撑死胆大的，饿死胆小的。只要放得开，大胆去追才能有所收获。如果你爱上了一个女人，却不敢主动对她说出来，不敢对她展开攻势，最终肯定是"无可奈何花落去""一江春水向东流"，落得自怨自艾的结局。

◎心细

很多人认为，胆大和心细是对立的，胆大的人往往都不心细，而心细的人却似乎总是不够胆大。但是，想要赢得美人的芳心，就必须强迫自己心细如发：记得她每天梳什么发式、穿什么衣服；风起的时候，为她披上外衣；各种生日、纪念日要记牢，情人节、圣诞节礼物务必精心策划，提前准备好；她不开心的时候，你认真地倾听……没有哪一个女人能不被这种温柔的攻势打动。

◎脸皮厚

一位名叫赫莉尼·多易秋的女性心理学者说："女性与生俱来有'被虐'的倾向。"这话虽然有些偏颇，不过当一个女人对你大喊"我讨厌你！我讨厌你！"时，她的内心未必真的讨厌你。

刚开始时，她可能会对你这种"死乞白赖"的行径感到厌烦："他的脸皮好厚，真令人讨厌！"不过，只要你够耐心，将厚脸皮进行到底，她就会这样想："天啦，他真是不可理喻的家伙，他的那种热情，实在叫人吃不消！"

女：在？
男：我无处不在！
女：晕。
男：往我怀里晕。
女：呵呵，你叫什么？
男：我姓南宫名鹏友，简称南鹏友！
女：呵呵，朋友。
男：请叫我全名男朋友！
女：少来，又占我便宜。
男：你又不是市场里的菜，我干吗占你便宜？
女：讨厌！

不够厚脸皮？那就不妨学学这位仁兄。

打一巴掌，切记揉三下

"打一巴掌揉三揉"可以说是厚黑对待下属理论的精髓体现。既要会"打"人，也要会"哄"人。东北有句俗话"打一巴掌，再给个红枣吃"说的是同一个意思。

日本企业家松下幸之助说过："任何人难免犯错误，即使是一些职务很高的人也不例外。对于我们公司干部的过错，我绝不会视而不见，对他们采取姑息宽容的态度。相反，我要提出书面批评，提醒他们改正错误。"作为一名握有一定权力的上司，对待有过错的下属，无非是既"打"又"哄"。在"打"的时候心要黑，要真打，并且打在他的痛处；"哄"的时候脸要厚，让他意识到"我是看你有前途才舍得骂你"。如此，当受到斥责的下属听了这话以后，必然会深深体会到"爱之深，责之切"的道理，肯定会更加发奋努力。

一次，索尼一家分公司的随身听不断接到投诉。调查发现，是产品的包装出现了问题。分公司立即更换了包装，及时解决了问题。

但是，董事长盛田昭夫依然不依不饶，并召开了董事会。会上，盛田昭夫对经理进行了严厉的批评，并要求全公司引以为戒。然而，这位经理在索尼干了几十年，为公司立下了汗马功劳，也是第一次在全体董事面前接受如此严厉的批评，禁不住失声痛哭。

会后，这位员工萌生退意，董事长秘书却请他一起吃饭。她说："对于此事，董事长也是出于无奈，董事长没有忘记你的贡献，特地让我请你喝酒排解苦闷。"

酒后，刚进家门，妻子便说："你真是受公司重视的人！"这令他分外吃惊。后来他才知道，那天是他们结婚20周年纪念日，盛田昭夫专门为其订购了一些鲜花，并附上了亲自写上贺词的卡片。

盛田昭夫的"鲜花疗法"疗效明显。他在批评下属时，不忘记肯定他们的功绩，既减少了不良影响，又维护了员工的自尊心。根据著名心理学家马斯洛的需求理论，每个人都有被尊重和被认可的需求。一个懂得如何顾全下属面子的领导者，会使批评更有效，甚至超过预期的效果。

除了盛田昭夫，联想集团的创始人柳传志也是一个"鲜花"高手。

在联想集团内部，有一个延续了十几年的规定，即无论是谁，如果开会迟到了就要罚站一分钟。这一分钟是很严肃的一分钟，不这样的话，会就没法开。没想到，第一个被罚站的人，竟然是柳传志的老领导。但是，规则面前人人平等。柳传志对那位老领导说："你现在在这儿站一分钟，今天晚上我到你家里，给你站五分钟。"老领导满脸尴尬。柳传志语气更加坚定了："现在你必须罚站，不这样，今后的会议就没法开了，所有的人都忙，那就都有理由迟到。"如此一来，既维护了铁的纪律，又挽回了老领导的面子，还显示了他的真诚，老领导的不愉快也就烟消云散了。

在生活和工作中，批评在所难免，但要学会巧妙地批评，软硬兼施，让他人既意识到错误，同时也理解自己善意批评的意图，使他人内心里对自己心存感激。

明朝的孔镛在处理一伙强盗侵扰的事件中，所采取的软硬兼施的心术，很值得我们仿效。

孔镛在田州任太守，上任没几天，附近的强盗突然聚众骚扰田州城。众人都建议闭门待援，孔镛却说："这样撑不了几天，为今之计，只有向他们宣扬朝廷的恩威，或许还可以让他们退兵。"

孔镛不听众人的苦苦劝告，单骑出城来见强盗。围城的强盗见一个当官的骑马出城，非常惊讶，有人上前拦住盘问，孔镛答道："我是新来的太守。你快领我去见寨主，我有话要对寨主说。"

强盗们不知道他的用意，只好把他带到寨主跟前。众强盗纷纷拔刀亮剑，怒视孔镛。孔镛沉着镇定，缓缓下马，站立在他们中间，对众人说："我是你们的父母官，还不快给我搬把椅子来！"强盗们取过一个坐榻放在当中，孔镛不慌不忙地坐下，招呼众人上前。寨主问他是谁。孔镛说："我是孔太守。"强盗们一听都赶忙下拜。孔镛这时便说："我知道你们都是善良的百姓，因饥寒所迫，聚集在一起企图逃避死亡。"强盗们点头称是。孔镛接着说："但前任太守不体谅你们，要将你们斩尽杀绝。"听完此话，强盗们纷纷骂起来，历数前任太守的劣迹。

孔镛微微一笑，继续说："我这次奉朝廷之命，来担任田州的太守，是要把你们当亲人看待。如果你们能听我的话，我就赦免你们的罪过。你们送我回府，我拿粮食布匹周济你们，从今以后就不许再干杀人越货的勾当了。若不听我的劝告，现在就可以把我杀了，但日后有朝廷命官军前来问罪，你们就要因此而承担罪责。"

寨主闻言大喜，说："假如您能抚恤我们，只要您在这里做太守，我们一定不再侵犯骚扰。"

"君子一言既出，驷马难追。"孔镛拍着胸脯说。

众强盗再次拜谢，连忙杀牛宰羊，做了一顿丰盛的晚饭招待他。孔镛饱餐一顿后，在寨中过了一夜，第二天便带领大家进城取了布匹、粮食。

众强盗从此退走，自此田州一片太平。

孔镛不战而胜，这是因为他能抓住强盗心理上的弱点，运用软硬兼施的手段，晓之以理，动之以情，使众强盗内心受到震动。这就是"打一巴掌揉三揉"的最高体现。

伸手不打笑脸人，用笑脸抵挡一切

没有人喜欢和一个整天愁眉苦脸的家伙在一起，原因很简单，因为这种人通常只把悲伤带给别人，而那正是大家最不想要的。如果你想获得别人的喜爱，尽量保持笑口常开是不二法门。俗话说：伸手不打笑脸人。笑脸迎人不但让共事的气氛更欢愉，对于工作也有事半功倍之效。

试想，如果一位陌生人正对着你微笑时，你是不是感觉到有一种无形的力量推着你和他接近；如果你看到的是一张苦瓜脸，肯定会对这种人敬而远之的。

报纸上曾登过这样一个故事：

在飞机起飞前，一位乘客叫过来空姐，请求空姐给他倒一杯水。空姐彬彬有礼地："先生，为了您的安全，请稍等片刻，等飞机进入平稳飞行后，我会立刻把水给您送过来，好吗？"

半个小时后，飞机早已进入了平稳飞行状态。突然，乘客服务铃急促地响了起来，空姐猛然意识到：糟了，刚刚一片混乱，自己居然忘了给那位乘客倒水了！空姐来到客舱，看见按响服务铃的果然是刚才那位乘客。她小心翼翼地把水送到那位乘客跟前，面带微笑地说："先生，实在对不起，由于我的疏忽，给您带来了不便，我感到非常抱歉。"这位乘客抬起左手，指着手表愤怒地说："怎么回事，有你这样服务的吗？"空姐手里端着水，心里感到很委屈，但是，无论她怎么解释，这位挑剔的乘客都不肯原谅她的疏忽。

在接下来的时间里，为了弥补自己的错误，每次去客舱给乘客服务时，空姐都会特意走到那位乘客面前，面带微笑地询问他是否需要什么帮助。然而，那位乘客余怒未消，冷冰冰的，对她爱理不理。

临到目的地前，那位乘客要求空姐把留言本给他。空姐认为他一定要写投诉信，然而打开本子却惊奇地发现，那位乘客在本子上写下的并不是投诉信，相反，这是一封热情洋溢的表扬信。

在信中，空姐读到这样一句话："在整个过程中，你表现出的真诚的歉意，特别是你的12次微笑，深深打动了我，使我最终决定将投诉信写成表扬信！你的服务质量很高，下次如果有机会，我还将乘坐你们的航班！"

这就是微笑的力量！微笑是世界上最灿烂的花朵，它有无穷的魅力，任何不满在它面前都会被软化。所以，当你想取得别人的谅解时，不妨带上微笑，如果一次微笑不见成效，就来第二次。要把微笑当成一种习惯，这种习惯会使你受用无穷。

汉初汉高祖刘邦去世，匈奴单于趁机欲侵吞汉朝疆土，便写了一封十分傲慢无礼的信给吕后。信上说：听闻你最近死了丈夫，而我正好死了妻子，看你已人老珠黄，干脆就带着江山来跟我过吧。"吕后看了信，又羞又气，恨不得手刃了匈奴单于。但吕后到底是一个颇有心计的女人。她采取了微笑外交，顺水推舟地回信说："我老了，只怕不能侍候大可汗了，不过，我们宫中年轻貌美的人倒有。"于是，她送了一个宫女和亲，一场大战便消解了。

当时吕后要是"冲冠一怒"，结果是可想而知的。前文提到过，刘邦在世的时候，曾亲率大军征讨匈奴，但大败，被困在山西定襄，差一点儿被活捉。刘邦尚且如此，更不要说吕后了。有时候，软办法要比硬办法管用。刘邦的战争手段失败，吕后的微笑外交却获平安。

人都是这样的，同样一件事去向别人请求帮助，语言的表达方式不一样，甚至表情不一样，其效果都会大不相同。一个人面部表情亲切、温和、充满喜气，说话如春风拂面，暖人心田，远比穿着一套高档服装更吸引人注意。

畅销书作家当年明月曾提出过一个"土木堡症候群"的概念，指绑架时绑匪主动站在人质一边的行为。以下是《明朝那些事儿》中的原文：

在我们的身边，经常会出现一些人，让我们一见如故，感觉温暖，如沐春风，这种气质往往是天生的，我们都愿意和这样的人交往。而朱祁镇正是一个这样的人。

年仅二十三岁的朱祁镇实际上是一个非常宽厚的人，他虽然身为皇帝，却对身边的下人很好，对大臣们也是礼遇有加，用谦谦君子、温润如玉来形容并不过分。

在被敌人俘虏的窘境中，在时刻面临死亡威胁的阴影下，在异国他乡的茫茫大漠里，朱祁镇始终保持着镇定自若的态度，即使对自己的敌人也是有礼有节，笑脸相迎。时间一长，连看管他的蒙古士兵和军官都心甘情愿为他效力。

其中甚至还包括二当家伯颜帖木儿。

而朱祁镇的这种能力作用还不限于此，甚至在他回国后被弟弟关押起来时，奉命看守他的大臣也被他感化，心甘情愿任他驱使，为他出力。

由此可见，微笑的魅力是多么巨大。

日本有句古语："微笑亲近财富，没有微笑，财富将远离你。"而从心理学的角度来说，微笑代表了友好与开放的心态，很容易给别人留下乐观、真诚、善意、体贴的印象。任何人都不喜欢用热脸挨冷脸，也没有人会将你的好意拒之千里。美国前总统尼克松就是以微笑当选、执政的。"尼克松的微笑"一度风靡美国，成为尼克松登上总统席位的基础。

有人曾问尼克松："在您竞选总统时，从早到晚到处与人握手、微笑，怎么能受得了？"

尼克松笑着回答说："其实对他们微笑的时候，我的心里一直在想踹走他们！"

明明心里很讨厌对方，却偏偏强装笑脸，又是亲热地握手，又是笑容满面地挥手，如此"自信""开心""热情"的表现，能不给别人留下美好的印象吗？倘若尼克松总统愁眉不展、心事重重，面露厌倦和疲惫的神情，谁也不敢保证他能竞选成功。

微笑是一种极具感染力的交际语言，不但能很快缩短你和他人的距离，并且还能传情达意。当然，微笑看似简单，但也需要讲究一定的技巧。

◎用你整个脸去微笑

你要明白，一个美丽的微笑并不单属于嘴唇而已，它同时需要眼睛的闪烁、鼻子的皱纹和面颊的收缩。一个成功的微笑是包括整个脸的笑。

◎要笑得真诚

人对笑容的辨别力非常强，一个笑容代表什么意思，是否真诚，人的直觉都能敏锐判断出来。所以，当你微笑时，一定要真诚。真诚的微笑让对方内心产生温暖，引起对方的共鸣，使之陶醉在欢乐之中，加深双方的友情。

◎微笑要有不同的含义

对不同的交往沟通对象，应使用不同含义的微笑，传达不同的感情。尊重、真诚的微笑应该是给长者的，关切的微笑应该是给孩子的，暧昧的微笑应该是给自己心爱的人的，等等。

◎把握微笑的层次变化

微笑有很多层次，有浅浅一笑，眼中含笑，也有哈哈大笑。在整个交谈过程中，微笑要有收有放，在不同时候使用不同的笑，如果一直保持同一层次的笑，表情会显得僵硬、呆板。被对方认为是傻笑。

◎注意微笑维持的长度

微笑的最佳时间长度以不超过大约3秒钟为宜，时间过长会给人假笑或不礼貌的感觉，过短则会给人皮笑肉不笑的感觉。

◎微笑要看不同的人际关系与沟通场合

微笑使人觉得自己受到欢迎、心情舒畅，但对人微笑也要看场合，否则就会适得其反。如当你出席一个庄严的集会，去参加一个追悼会，或是讨论重大的政治问题时，微笑是很不合时宜的，甚至招人厌恶。因此，在微笑时，你一定要分清场合。

宁可得罪君子，也不得罪小人

什么是小人？

小人是一种人格有缺陷的人，一种一切以自我为中心，毫无公德可言的人，一种不识抬举不知好歹的人。如果他们还能被称为"人"，那也是被我们称为"贱人"的人。

说起小人，人们往往表现出一种无奈。孔子在总结自己从政失败的原因时，就将它归结于小人的陷害，因此他说："唯女子与小人难养也。"即使是像诸葛亮这样的先哲，对小人也没什么良方，他对君主的进言无非也是："亲贤臣，远小人。"

君子在前方浴血奋战，背后却常有暗箭来袭，即使本领再大，也顶不住后院起火。而小人却只需要一个谄笑，一句谗言，一记马屁，就足以胜过君子的百般辛苦，万般劳累。

君子一言不合即拍案而起，小人却善于伪装、不动声色。得罪了君子，我们还知道因何得罪，知道如何修补；得罪了小人，却往往让我们如坠云雾山中，百思不得其解。

得罪了君子，只要勇于认错，就会多一位朋友，君子只认理，不记仇，事情过了便不留痕迹；得罪了一个小人，便多了一群敌人，从此休想再得安生。故此，便有了"宁得罪君子，莫得罪小人"的说法。

曾为大唐中兴立下赫赫战功的唐朝名将郭子仪，不仅在疆场征战上得心应手，而且在朝廷中也八面玲珑，这完全得益于他"宁得罪君子，不得罪小人"的智慧。

与郭子仪同朝为官的卢杞，牛得相貌奇丑，脸形宽短，鼻子扁平，两个鼻孔朝天，眼睛小得出奇，很少招人待见，经常有人因看到他这副尊容而忍不住掩口失笑。但就是这样一个人，郭子仪却从不敢怠慢。

有一次，郭子仪卧病在床，卢杞闻讯前来探望。奴仆通报过后，郭子仪赶忙将左右姬妾遣退到后堂去，独自一人招呼客人。卢杞走后，姬妾们重新回到病榻前，对刚才的行为满腹狐疑："有那么多官员来探望您，您从不让我们回避，为什么这么丑的人来了，却让我们都躲起来呢，莫不是怕他惊吓了我们？"

郭子仪娓娓道来："你们有所不知，此人面丑心恶，对别人的反应十分敏感，万一你们看到他忍不住失声发笑，可就惹恼了他，即使他嘴上不说什么，但心里一定会记恨，有朝一日他若得势，依他睚眦必报的性格，我们家可就要遭殃了。"

果不其然，后来卢杞当了宰相，极尽报复之能事，把所有得罪过他的人统统加以陷害，唯独对郭子仪秋毫无犯，甚至还尊重有加。看来，郭子仪对卢杞这种小人做派是十分了解的，所以在与他打交道时便加倍小心。郭子仪的精明老到之处，也由此可见一斑。

这个世界还真是这样的，小人生活得往往比君子好得多，这是一个很多人不愿意承认的事实。

为什么历史上小人比比皆是，君子却少之又少？这是因为"适者生存，不适者淘汰"的自然选择理论，小人生存下来了，君子被淘汰了；又因为"物以稀为贵"的原因，君子尊贵而小人卑贱。

小人除了具有让人痛恨的行径外，还有什么特点呢？

1. 小人喜欢造谣生事，他们造谣生事都另有目的，并不以造谣生事为乐。

2. 小人喜欢挑拨离间，为了某种目的，他们可以用离间法挑拨同事间感情制造他们不和，好从中获利。

3. 小人不怕麻烦。怕麻烦做不了小人，小人就在麻烦中找事。小人知道越麻烦越容易把事情搞混，只要自己不怕麻烦，总有怕麻烦的人。

4.喜欢阳奉阴违，这种行为代表他们这种行事风格，当面一套，背后一套，表里不一。"口蜜腹剑"的李林甫便是此类的代表人物。

5.小人都是墙头草，哪边得势就倒向哪边。

6.小人的心胸很狭隘，从来不会宽容宽待别人，只会苛求别人，而且吹毛求疵，无所不用其极。

7.小人喜欢落井下石，只要有人跌倒他们就会追上来再补一脚。

余秋雨先生在《山居笔记》里面写道："小人不仅是个人道德品质的畸形，更是一种独特的心理方式和生态方式。"的确，小人没有道德的束缚，他们是一团驱之不散又不见痕迹的腐蚀之气，他们是一堆飘忽不定的声音和眉眼。被小人缠上，是一件很悲惨和无奈的事情。只会让你无法挣扎，无法透气，只能付出不该有的代价，甚至是惨重的。

那么，该如何妥善处理和小人的关系呢？

◎严防小人，少说多听

俗话说："祸从口出。"如果你是个直性子的人，不懂得为自己把风，不管对任何人都直言不讳，你就很有可能被这些小人穿小鞋，尤其是在职场中，他们会在办公室抨击你，给你制造流言蜚语，使得你无法正常工作。

◎坚决不能将其列入好友名单

进了一个集体，在选择朋友时一定要把结交的朋友分成"三六九"等，根据不同等级对朋友采取不同的交往方法。而对于这类卑鄙无耻的小人，千万不能将其列入核心朋友或知心朋友名单，最好是连朋友的名单都不要将其列入，只要有表面上的礼节就可以了，防止在自己真心付出的时候受到伤害，更避免自己遭到这类人的致命暗算。

◎君子不和小人相斗

为什么君子不和小人相斗呢？因为小人是不受道德规范约束、不讲游戏规则的。

从前，有个村庄里住着一位有智慧的老人，村民们有什么疑难问题都来向他请教。某天，一个狡猾的小人捉了一只小鸟，握在手掌中，跑去问老人："听说您是最有智慧的人，不过我不相信。如果您能猜出我手中的鸟是活的还是死的，我就相信了。"

老人很清楚这个小人的算盘：如果他回答小鸟是活的，对方会暗中加劲把小鸟捏死；如果他回答是死的，对方就会张开手让小鸟飞走。老人拍了拍小人的肩膀，对他说："小子，不要自作聪明了！东西在你手里，是死是活还不是你说了算！"

◎不要与小人有利益瓜葛

小人常成群结队，霸占他人利益，形成势力。你千万不要想靠他们来获得利益，因为你一旦得到利益，他们必会要求相当的回报，甚至就如苍蝇般粘上你不放，你想脱身都不可能。

◎以其人之道还治其人之身

小人一般都会以你的铁哥们或好朋友的面目出现，趁你不备"捅你一刀"。如民主测评、职称评定、先进评比等涉及你核心利益的时候，他们明知道你是符合条件的，可就是会当面说一定会投你的赞成票，而在背后却又大唱反调。

对付这种人也可以采取"以其人之道还治其人之身"的方法，让他也尝尝被人暗算的滋味。

量小非君子，无毒不丈夫

"量小非君子，无毒不丈夫"是尽人皆知的一句俗语。量小，指气量狭小，受不得半点委屈、凌辱；无毒，指下不了毒手，狠不下心。前者不能成为有作为的人，后者不是大丈夫的行径。

这句话反过来讲，就是大凡大丈夫、有作为者，一要肚量大，能吃下去一切，又名为"宰相肚里能行船"；二要心够狠，能打破仁义、良心道德的羁绊，不讲妇人之仁。

先说"量小非君子"。量，在这里指限度、胸怀、容人之量。《尚书》中说："一个人有包容的雅量，他的德行就伟大。"一个人只有容人之所不能容，忍人之所不能忍，恕人之所不能恕，忘人之所不能忘，才能理人之所不能理，为人之所不能为，成人之所不能成，达人之所不能达。

犹太人之所以能够成为精于生财之道的民族，被誉为"世界商人"，与他们的豁达、大度密不可分，从下面的犹太民谚中可见一斑："如果断了一条腿，你就应该感谢上帝不曾折断你两条腿；如果断了两条腿，你就应该感谢上帝不曾折断你的脖子；如果断了脖子，那也就没什么好担忧的了。"

白隐禅师为人纯洁，心地善良，见过他的人都说，在成年人中，很少能看见这样纯净的眼睛。他在山寺中一个人过着平静的生活。

有一次，寺院附近村庄中有一个女孩没有结婚便怀孕了，这让她的父母深感耻辱，逼着女孩说出孩子的父亲到底是谁。女儿在父母一再相逼之下，吐出两个字："白隐。"

女孩的父母非常恼怒，便与众人一起去找白隐禅师理论，并当场辱骂道："平日你一副得道高僧的模样，没想到竟然在佛祖的面前做出了这种事情来！既然你是孩子的父亲，那你就得敢做敢当！等孩子生出来之后，你得收留他！"

面对众人的指责与辱骂，白隐禅师只是说了一句："是这样吗？"然后便答应要将孩子收留。

孩子在出生之后立即被送到了寺院中。一个出家人要照顾一个刚刚出生的孩子，可想而知有多么困难。白隐不顾众人鄙视的眼光，到处乞求得来了牛奶，并自己为孩子做了衣物。他尽自己所有的力量去照顾这个孩子。

在白隐的精心照顾之下，孩子一天天长大了。这一切，都被孩子的母亲——那个年轻的女孩看在眼里。她被感动了，母爱在她心里慢慢复苏，她终于良心发现，向父母禀明实情：孩子的父亲不是白隐禅师，而是一位在渔市上工作的青年。

女孩与其父母再一次来到寺院，向白隐禅师道歉、忏悔，并要领回孩子。只见白隐禅师仔细地把孩子包好，送到他们手中，然后，轻轻地说了一句："是这样的吗？"

这就是高僧大德的境界！如果一语龃龉便念念不忘，一事唐突便记恨一辈子，这只能说明此人胸怀狭窄。所以，大丈夫切不可揪短不松手，得理不饶人，更不能"武大郎开店——容不得高个的"。如能容人之所不能容，则必成大器。

"无毒不丈夫"就是说心肠要黑，手段要辣，对于自己的对手，要痛下杀手，毫不留情，正所谓"斩草不除根，春风吹又生"。这方面的领军人物当推朱元璋。

朱元璋起兵推翻元朝，得了天下，做了明朝的开国皇帝，就对和他同甘苦共患难的开国大臣起了疑心，深恐他们谋反，夺取他的皇位，就心怀杀机。这天，他颁下圣旨，召开国功臣到庆功楼加官晋爵，设宴庆贺。

酒宴大开，热闹非凡。突然有一个太监来报，说皇后请万岁速回后宫，有要事商量。丞相徐达顿生疑窦，见朱元璋已走到门口，于是他紧跟朱元璋走下楼来。

朱元璋发觉身后有人，回头一看，见是徐达，便问："丞相为何离席？"徐达说："特来保驾。"朱元璋说："不必不必，丞相请回。"徐达哀戚地说："皇上真的一个也不留吗？"朱元璋心中一凛，心想：好精明的家伙！我的机密已被他识破。徐达见皇上不言语，又说："皇上如果执意，臣不敢违命，只希望皇上能照顾臣的妻儿老母。"说毕，转身欲回。朱元璋忙说："丞相随我来。"

他俩刚走出几步，突然，"轰隆隆"一声巨响，功臣楼瓦飞砖腾，火光冲天，可怜满楼功臣，全部葬身火海。原来，朱元璋为了永保朱姓天下，才设下这火烧庆功楼的毒计。

徐达死里逃生，回到家里，整天茶不思饭不想，没有多久，就生了一场大病，背上还长了个大疮，瘦得脱了人形。

一天，两名太监抬着一只清蒸公鹅来到徐达府上，说："皇上闻知丞相贵体不佳，特命小人前来问安。"徐达知道，公鹅是发物，生背疮之人，吃蒸鹅立刻会死，很明显这是皇上赐死啊。但皇命难违，他只得上前谢恩，收下了公鹅。没有多久，他就含恨死去。

"量小非君子，无毒不丈夫"，这句话虽然带着一股邪气，却成就了不少人。在"胜者为王，败者为寇"的生存竞争中，如果脸不厚心不黑，对敌人一味地心慈手软，就会被对方无情地吃掉。所以，让自己的心肠变狠一些，手段变辣一点，并不是不值得称道的事情，我们必须认识到这一点，并努力做到这一点。

欲成大事，妇人之仁要不得

什么是"仁"？《礼记·中庸》记载孔子对鲁哀公问道："为政在人，取人以身，修身以道，修道以仁。仁者人也。"孔子认为"仁"就是人与人的关系。春秋时，仁往往与忠、义、信、敏、孝、爱等并列，被看成是人的重要德行之一。

仁有两种，一种是王者之仁，一种是妇人之仁。

王者之仁是作为强者对于弱者、领导对于下属的怜爱，是一种风度，一种气量。

妇人之仁，优柔寡断，当断不断，往往放虎归山，贻误战机，最终贻害无穷。

有一则这样的寓言：有一匹饿狼闯进羊圈，想抓一只小羊来吃，不巧却被牧羊犬发现了。这只牧羊犬非常凶猛，狼见打不过也跑不掉，便趴在地上一边流泪一边哀求，发誓这辈子再也不会来打这些羊的主意。牧羊犬被狼的话感动了，便放了这只狼。想不到这只狼在牧羊犬转身的时候，纵身咬住了牧羊犬的脖子。幸亏主人及时赶来，才救了牧羊犬一命，但牧羊犬流了很多血，它伤心地说："我原不应该被狼的话感动的！"

这就是妇人之仁。妇人的特色之一是心特别柔软，她们容易感动，意志容易受到情绪的影响而动摇。就像沈从文所说："女人是个矛盾的综合体，她们内心深处期待一种被征服的无力感。"女人的母性一旦被激发，就容易变得很没原则，很不理性，甚至没有是非。

项羽的妇人之仁是出了名的。《史记·淮阴侯列传》说："项王见人，恭敬慈爱，言语呕呕，人有疾病，涕泣分食饮，至使人有功，当封爵者，印刓弊，忍不能予，此所谓妇人之仁也。"

鸿门宴上，项羽要杀掉刘邦，可以说易如反掌。然而，项羽始终未能下定这个决心，而且对范增的提醒不予理睬，最终放了刘邦一条生路。

项羽是贵族，是君子，所以可以"欺之以方"，你跟他摆规则，讲风度，他就轻信了。鸿门宴上，项羽放过刘邦，并不难理解，因为对他来说，酒席上杀人是有失风度、很丢面子的事情。

汉元帝刘示做太子时，有一次谈话中说父亲所订的刑法太重，应该多用儒生。宣帝变了脸色，说："汉家自有制度，本以霸王道杂之，奈何纯用德教，用周政乎？"他狠狠骂了一顿儒生，哀叹道："乱我家者，太子也！"这话说得再明白不过了，"仁"这个东西，是做给外人看的，自己万万不能信，眼看自己的儿子被儒生教"坏"了，他怎么能不生气？

三国时郭嘉论曹操对袁绍有"十胜"，袁绍则有"十败"，其中之一便是在"仁"上的胜败。郭嘉说："袁绍见人饥寒，恤念之形于颜色，其所不见，虑或不及也，所谓妇人之仁耳；公于目前小事，时有所忽，至于大事，与四海接，恩之所加，皆过其望，虽所不见，虑之所周，无不济也，此仁胜也。"他意思是说袁绍这种仁爱是短浅的、没有胸怀的，因为他爱的范围只是他眼睛所看到的东西，太有局限性。他的仁爱并不是从普天下的所有人出发，他没有博爱天下的气魄和勇气，所以他是成不了事的。

唐高宗李治去世后，武则天全面掌控朝政，她废中宗为庶人，逼杀太子于巴州，改国号为"周"，自称"金轮皇帝"。这激起了李唐王朝的宗室和一些大臣的强烈不满。为了维护自己的统治，武则天除了动用军队、消灭反对自己的武装外，还大兴冤狱，用酷吏、施酷刑来镇压一切心怀不满之人。

她重用来俊臣、周兴、索元礼等酷吏，鼓励告密，滥杀无辜，滥施法外之刑，其手段之残酷，令人发指。当唐朝宗室子弟几乎被赶尽杀绝的时候，武则天决定收手，回过头来向酷吏开刀。有趣的是，武则天对付那些酷吏的刑罚却是他们自己发明的，可谓"以其人之道，还治其人之身"。

公元691年，武则天以谋反之名，命来俊臣逮捕周兴。

来俊臣接到圣旨后，便马上实施计划。一日，他以请客为名邀周兴来喝酒。酒过三巡之后，来俊臣对周兴说："有个犯人，不肯认罪，所有刑罚都用过，此人还是不招供，请问老兄有何妙计？"

周兴不知是计，遂献计说："可找来一个大瓮，用炭火从四面围烧炙红，请他入瓮，保管他望而生畏，何事不招？"

来俊臣于是叫人抬过来一口大瓮，按周兴说的办法，用炭火围住烧烤，然后站起来对周兴说："现在有人告发老兄谋反，皇帝命小弟来审问你，那么就请君入瓮吧！"

周兴半信半疑，说："老弟，别开玩笑了，咱俩接着喝酒吧。"话音未落，上来几名武士将周兴五花大绑，准备放入瓮中。周兴见势不妙，惶恐地跪倒认罪，连连磕头求饶。

按照唐律规定，谋反罪应当处死。武则天因周兴以往告密有功，又曾助她排除异己，所以将他免死，流放岭南。但是由于周兴平时作恶多端，害人无数，行至半程即被仇人用刀碎剐而死。

之后不久，又有人告发来俊臣谋反，武则天下令将他斩首于市。为了争取民心，武则天下了一道诏书，历数来俊臣的罪状，将任用酷吏以来造成的灾祸，统统归于来俊臣身上。

武则天虽为妇人，却没有丝毫的妇人之仁，她借酷吏之手，为其扫荡政敌，而后又以毒攻毒巧借酷吏的头颅，清洗自身，缓和危机。由此可见武则天权谋之高明、用心之狠辣，真所谓"最毒妇人心"也！

凡事留三分余地，不是为别人，而是为自己

安尼什·卡普尔是英国雕塑界一位极其重要的人物，他凭借雕塑《坠入地狱》一举成名。

后来，有记者问他成功的秘诀。

安尼什·卡普尔说："根本没有什么秘诀，我个人的体会是，要当好一名雕像师，只要做到两点就行了：第一是要把鼻子雕大一点；第二是要把眼睛雕小一点。"

记者不解地问："为什么要这样做呢？如果鼻子大眼睛小，那雕出的人像岂不是很别扭吗？"

安尼什·卡普尔解释说："这样做才有修改的余地啊。你想想看，如果鼻子大了，还可以往小里修改；如果眼睛小了，还可以向外扩大。反之，如果一开始鼻子雕小了，就再也无法加大；如果眼睛一开始雕大了，也就没办法改小了。"

其实，仔细想来，安尼什·卡普尔这种"留有余地"的做法，对我们做人做事也是一种很好的警示：为人处世，凡事应该留几分余地，这样，你才能行动自如，别人也会更加自在。

人活着，不但是为了生存，更是为了做成一番事业。办事要像厨师烧菜一样，掌握火候，才能把事情办好。若办事太死、太绝，到头来，本该成功的事也只会在片刻之间一败涂地。

汉代公孙弘年轻时家境贫寒，当上丞相之后，他生活依然十分俭朴，吃饭时只吃一个荤菜，睡觉时盖的是破旧的棉被。大臣汲黯就向汉武帝参了一本。汲黯在奏折中说："公孙弘处于三公的地位，俸禄很多，但却盖布被，这是欺诈。"

汉武帝便问公孙弘："汲黯所说的都是真的吗？"公孙弘回答道："汲黯说得一点没错。满朝大臣中，他与我交情最好，也最了解我。今天他当着众人的面指责我，正是切中了我的要害。我位列三公而只盖棉被，生活水准和普通百姓一样，确实是故意装得清廉以沽名钓誉。况且没有汲黯的忠诚，陛下怎么会听到这种话呢？"汉武帝听了公孙弘的这一番话，反倒觉得他为人谦让，就更加尊重他了。

世界上的事情是复杂多变的，所以千万不能一条道走到黑，不留丝毫回旋的余地。而应在发展的过程中充分认识、冷静判断各种可能发生的事情，并采取圆融变通的方法随机应变。

给他人留点余地，其实也就是在给自己留余地。既然人不可能一辈子都不犯错误。那么，当我们今日以大度宽容的处事态度去给别人留余地时，也就是等同于在给自己今后的漫漫人生路扫清一些障碍。

中国西部的一个小村子里，有一大片柿子园。每到冬天，喜鹊们都会在柿子树上筑巢过冬。有一年冬天，几百只找不到食物的喜鹊全部被冻死在了树上。第二年春天，柿子树重新吐绿发芽，开花结果了。但就在这时，一种毛毛虫突然泛滥成灾。柿子刚刚长到指甲大小，就都被毛毛虫吃光了。那年秋天，这个村子里的果农没有收获到一个柿子。从那以后，每年秋天收获柿子时，果农都会留下一些柿子，柿子吸引了很多喜鹊到这里过冬。喜鹊仿佛也会感恩，春天也不飞走，整天忙着捕捉果树上的虫子，从而保证了柿子的丰收。

在收获的季节里，别忘了留一些柿子在树上，因为，给别人留有余地，往往就是给自己留下生机与希望。正如那首诗所言："我付出一片绿叶，却收获了整个夏天。"

集处世经验之大成的《菜根谭》中写道："滋味浓时，减三分让人食；路径窄处，留一步与人行。"留人宽绰，于己宽绰；与人方便，于己方便。

这是古人总结出来的处世秘诀。

◎话不要讲太满

曾有一个人，在单位里与同事之间产生了点小摩擦，一时间闹得很不愉快。一怒之下，他就对那位同事说："从今以后，你走你的阳关道，我过我的独木桥，彼此毫无瓜葛！"

这句话说完不到三个月，同事成了上司。他因讲了过重的话，所以觉得很尴尬，只好辞职另谋他就。

◎挡人财路，等于断人活路

郑板桥在落魄之时，曾在苏州卖画。他发现一家画寓主人吕子敬擅长画梅花，于是郑板桥就常画兰、竹、菊、山水，就是不画梅花。有个刚从京城回到苏州养老的吏部尚书，想请郑板桥为他画幅梅花。郑板桥推辞说："说到画梅，还是吕子敬先生画得好。"老尚书听了以后，就拿着银子去找吕子敬了。

郑板桥在苏州住了三年，要离开时，吕子敬前来为郑板桥送行。郑板桥赠给吕子敬的是一幅梅花。吕子敬看了这幅气韵不凡的梅花，惊叹不已。此刻，平时有点傲气的吕子敬这才恍然大悟："郑兄之所以不画梅，原来为的是给小弟留口饭吃啊！"

◎多一个朋友不如少一个敌人

阿萨吉奥利曾说："如果没有宽恕之心，生命就会被无休止的仇恨和报复所支配。"

美国的林肯竞选总统成功之后，准备起用一名曾迫害过自己的政客，遭到了同僚们的一致反对。然而林肯对他的部下这样解释说："把敌人变为自己人有什么不好呢？我这样做既可消灭一个敌人，而又多得到一个朋友。"

◎不苛求完美

追求完美也要讲究一个度，十全十美的人是找不到的，抓住已有的幸福，活得就会心满意足，不幸常常是因苛求完美而导致，本色就是最美，无须过多装饰，尽己所能就是完美的境界了。